职业教育·铁道运输类专业教材

铁路普通货物运输

（第 2 版）

毛 鹤　王萌萌　主　编

叶清贫　杨 沁　王 玮　副主编

吴远林　主　审

人民交通出版社股份有限公司
北京

内 容 提 要

本书是职业教育铁道运输类专业教材,主要内容包括:铁路货物运输基础知识、整车货物运输组织、铁路货物运输价格、货物损失处理、铁路货场管理。本书突出理论和实践相统一,强调实践性,吸收了行业发展的新知识、新标准。

本书可作为高职、中职院校铁道运输类专业教材,也可作为铁路行业人员培训教材。

* 本书配有多媒体课件,读者可通过加入职教铁路教学研讨群(QQ 群:211163250)获取。

图书在版编目(CIP)数据

铁路普通货物运输 / 毛鹤,王萌萌主编. — 2 版.
— 北京 :人民交通出版社股份有限公司, 2021.8
职业教育·铁路运输类专业教材
ISBN 978-7-114-17337-0

Ⅰ. ①铁⋯ Ⅱ. ①毛⋯ ②王⋯ Ⅲ. ①铁路运输—货物运输—高等职业教育—教材 Ⅳ. ①U294

中国版本图书馆 CIP 数据核字(2021)第 093509 号

职业教育·铁道运输类专业教材

书　　名:	**铁路普通货物运输**(第 2 版)
著 作 者:	毛　鹤　王萌萌
责任编辑:	钱　堃
责任校对:	孙国靖　扈　婕
责任印制:	张　凯
出版发行:	人民交通出版社股份有限公司
地　　址:	(100011)北京市朝阳区安定门外外馆斜街 3 号
网　　址:	http://www.ccpcl.com.cn
销售电话:	(010)59757973
总 经 销:	人民交通出版社股份有限公司发行部
经　　销:	各地新华书店
印　　刷:	北京虎彩文化传播有限公司
开　　本:	787×1092　1/16
印　　张:	10.25
字　　数:	246 千
版　　次:	2018 年 8 月　第 1 版
	2021 年 8 月　第 2 版
印　　次:	2021 年 8 月　第 2 版　第 1 次印刷
书　　号:	ISBN 978-7-114-17337-0
定　　价:	35.00 元

(有印刷、装订质量问题的图书由本公司负责调换)

前言

铁路运输是我国交通运输体系的骨干,具有运输能力大、运输距离长、运送速度快、安全程度高、运输成本低廉、运输准时方便、对环境污染小以及受气候条件影响小等特点,这些都是其他运输方式不可替代的优势。

本书是职业教育铁道运输类教材,是高等职业教育铁道交通运营管理专业核心课教材。本书共分5个模块,每个模块包括模块描述、教学目标、拓展知识、模块小结、实训工单、复习思考题。本书内容包括以下几个方面:

(1)铁路货物运输(简称铁路货运)基础知识,主要介绍铁路货物运输基本任务和法规依据,货物运输的基本条件,货物运到期限,货运营业办理限制。

(2)铁路整车货物运输,主要介绍铁路整车货物的运输过程,简要介绍了零散货物运输组织过程。

(3)铁路货物运输价格,主要介绍整车货物运价的计算,铁路运输杂费的计算。

(4)货物损失处理,主要介绍铁路货物损失处理程序和保价运输。

(5)铁路货场管理,主要涉及铁路货场设备及作业管理的相关内容。

本书在编写过程中,汲取了相关教材的精华,并结合现场实际,以更新后的货运规章为主要依据,深化校企合作,注重新技术、新设备、新标准[《铁路局货运票据电子化作业办法》(铁总货〔2018〕41号)]的引入,对铁路整车货物运输组织过程进行了系统的介绍,简要介绍了零散货物运输组织过程,对于集装箱运输的相关知识,在《铁路集装箱运输与多式联运》(叶清贫、杨淑丽主编,人民交通出版股份有限公司出版)一书中有详细介绍,在本书中不再赘述。

本书可作为铁道交通运营管理专业和铁路物流管理专业的必修课教材,也可作为铁路运营管理工作人员的培训教材及教学参考书。在教学过程中,可根据教材内容学习铁路货物运输的基本知识、作业组织方法和相关法律规章。

全书由毛鹤、王萌萌担任主编,叶清贫、杨沁、王玮担任副主编,中国铁路武汉局集团有限公司(以下将中国铁路××集团有限公司简称为××铁路局集团公司)吴远林担任主审。编写分工为:武汉铁路职业技术学院毛鹤编写模块1中的单元2、模块2;湖南高速铁路职业技术学院王萌萌编写模块3;湖南高速铁路职业技术学院王玮编写模块4中的单元1~单元3;武汉铁路职业技术学院叶清贫编写模块5;武汉铁路职业技术学院杨沁编写模块1中的单元1、模块4中的单元4。

在本书编写过程中,各兄弟院校的老师、武汉局集团公司武东车务段和兰州铁路局集团公司现场技术人员等给予了大力帮助,提出了许多宝贵意见,在此编写组成员向各位表示衷心感谢。

随着我国铁路货运的快速发展,相关规章、规范及标准可能会修订、调整,学习时应以现行规章、标准为准。

由于编者水平有限,书中难免有缺点和纰漏,恳请广大读者批评指正。

编　者

2021 年 3 月

目录

模块 1

铁路货物运输基础知识

模块描述

　　铁路运输是现代化交通运输方式之一,铁路运输的货物品种多样、性质各异,对运输条件的要求也各有不同。铁路货运作业是铁路运输部门为运输货物所从事的一系列业务活动。为了安全、迅速、经济、便利地运输货物,托运人和承运人双方都要对铁路货物运输相关知识有一定的认知。

　　本模块将系统地介绍货运工作基本任务及法规依据、货物运输基本条件中的货物运输种类、货物运输单位、货物运到期限、货物快速运输、货运营业站办理限制等。

教学目标

　　1. 知识目标
　　(1)了解铁路货运工作基本任务。
　　(2)理解铁路货运工作的法规依据。
　　(3)掌握铁路货物运输基本条件。
　　2. 能力目标
　　(1)能根据铁路货运工作具体情况,准确查找法律法规及其依据。
　　(2)能熟练确定不同种类货物所要求的基本运输条件。
　　建议课时:10 课时。

单元 1　货物运输工作基本任务及法规依据

一、铁路货物运输优点

　　铁路、公路、水路、管道、航空 5 种运输方式,共同构成我国现代化交通运输网络。铁路是我国国民经济的大动脉,是我国现代交通运输网的骨干。国内的长途货物运输和大宗物资运输,主要依靠铁路来承担。铁路运输具有以下优点:

　　(1)运送速度快。铁路运输的车速较高,平均车速在 5 种基本运输方式中排在第 2 位,仅次于航空运输。

(2)运输能力强。铁路运输采用大功率机车牵引列车运行,可以承担长距离、大运输量的运输任务,运输能力远远高于航空运输。

(3)安全程度高。铁路运输相对而言,安全程度更高。

(4)运输距离长。铁路运输可以承担长距离运输。

(5)运输成本低。铁路运输在运输费用和运输耗油方面都比公路运输低。

(6)准确性和连续性强。铁路运输几乎不受气候影响(除遇到台风及霜雪天气等特大自然灾害以外),一年四季可以不分昼夜地进行定期的、有规律的、准确的运转。

(7)能耗低,对环境污染小。与其他运输方式相比较,铁路运输的污染性较低,噪声小,且是间断性的。与公路运输相比,造成的空气污染少。

二、货运工作基本任务

铁路货运工作集生产、管理和服务于一身,其基本任务如下:

(1)根据国民经济计划、社会经济发展需求以及铁路运输能力,制定货运工作方案,组织合理运输、联合运输、直达运输,提高货运组织工作水平。

(2)采用新型货运设备,挖掘既有设备的能力,加速铁路货车周转,提高铁路货运效率。

(3)严格遵守货物运输法律法规,确保货物运输条件,正确划分并履行铁路与托运人、收货人在货物运输过程中的责任,确保货物运输的安全。

(4)正确分析并妥善处理铁路货运损失,建立健全安全防范体系,不断提高铁路货运质量和信誉。

(5)加强铁路货场的管理,加强专用线和专用铁路的管理,提高货运作业能力,推行作业标准化制度,提高货运作业质量和作业效率。

(6)对铁路职工进行思想、职业道德和技术业务等方面的教育,不断提高职工的整体素质水平,使他们能更好地为铁路货物运输服务。

三、货运工作法规依据

1. 铁路货物运输相关法律法规

(1)《中华人民共和国合同法》(简称《合同法》)是调整平等主体之间的交易关系的法律,对货物运输合同做出了专项规定,对货物运输合同的具体内容做了一般性规定。

(2)《中华人民共和国铁路法》(简称《铁路法》)是保障铁路运输和铁路建设顺利进行的法律规定,是组织铁路货物运输时必须遵守和执行的法律依据。

(3)《铁路运输安全保护条例》是确保铁路安全畅通,保护人身财产安全,加强铁路运输安全管理的行政法规。

(4)《铁路货物运输合同实施细则》(简称《实施细则》)是《合同法》的组成部分,《实施细则》规定了铁路运输合同的制订、履行、变更和解除,详细地规定了铁路货物运输过程中,托运人、承运人和收货人应该享有的权利、承担的义务和责任,是组织铁路货物运输合同实施工作更为直接的依据。

2.铁路货运工作主要规章

(1)《铁路货物运输规程》及相关规则。《铁路货物运输规程》(简称《货规》)是货物运输的基本规章,是组织铁路货物运输最直接的依据,托运人、承运人和收货人都必须遵守、执行。《货规》明确规定了铁路货物运输的基本条件、货物运输合同、货物的承运和交付、装车和卸车、货物的搬入和搬出、货运事故的处理及赔偿、承运人和托运人双方责任的划分等。《货规》引申的规章有:《铁路货物运价规则》《铁路危险货物运输管理暂行规定》《铁路鲜活货物运输规则》《铁路超限超重货物运输规则》《铁路货物装载加固规则》《快运货物运输办法》《铁路集装箱运输规则》《铁路货物保价运输办法》《铁路货物运输杂费管理办法》等。

(2)铁路内部货运管理规则与办法。铁路内部货运管理规则与办法主要有:《铁路货物运输管理规则》《铁路货运检查管理规则》《铁路集装箱运输管理规则》《铁路货物保价运输管理办法》《货车篷布管理规则》等。

(3)国际联运规章。国际联运规章包括《国际铁路货物联运协定》《国际铁路货物联运协定统一过境运价规程》《国境铁路协定》《国境铁路会议议定书》等。

(4)水陆联运规章。《铁路和水路货物联运规则》适用于水陆联运的运输方式。

(5)军运规章。军运规章主要有《铁路军事运输管理办法》《铁路军事运输现场工作规则》《军用危险货物铁路运输管理规则》等。

(6)其他法律法规。其他法律法规包括国务院各部委与中国国家铁路局集团有限公司(简称“国铁集团”)联合发布的货物运输相关法律法规。

单元 2　货物运输基本条件

知识点 1　货物运输种类

一、铁路运输货物分类

1.按货物类别分类

我国铁路运输的货物共分为 28 个品类,包括:煤、石油、焦炭、金属矿石、钢铁及有色金属、非金属矿石、磷矿石、矿物性建材、水泥、木材、粮食、棉花、化肥及农药、盐、化工品、金属制品、工业机械、电子电器机械、农业机具、鲜活货物、农副产品、饮食及烟草制品、纺织皮毛制品、纸及文教用品、医药品、其他货物、零担、集装箱。

2.根据货物外部形态分类

根据货物的不同外部形态,可将货物分为成件货物(箱、袋、桶、捆、筐、罐)、大件货物(机械、汽车、金属制品、水泥制品)、散堆装货物(粉、块、粒状)、集装箱货物。

3.按货物对运输条件要求的不同分类

按照货物对运输条件要求的不同,可将货物分为按普通条件运输的货物和按特殊条件运输的货物。按特殊条件运输的货物包括阔大货物、危险货物、鲜活货物等。

二、铁路货物运输种类

根据铁路运输的货物的数量、性质、包装、体积、形状和组织方法,可将铁路货物运输划分为整车运输、零散快运、批量快运、集装箱运输 4 种。

1. 整车运输

需要以 1 辆或 1 辆以上的货车装运的货物,应按整车方式运输。

2. 零散快运

货物快运,以每张运单为一批。按一批托运的货物,货物品名、托运人、收货人、发站、到站、装卸地点应完全一致。零散快运适用于每一批托运重量不足 40t 且体积不足 80m³ 的货物,但以下情况不得按零散快运办理。

(1)散堆装货物。

(2)危险货物、超限超重和超长货物。

(3)活动物及需冷藏、保温运输的易腐货物。

(4)易污染其他货物的污秽货物。

(5)军运、国际联运、需在米轨与标准轨(简称"准轨")换装运输的货物。

(6)在专用线(专用铁路)装卸车的货物。

(7)煤、石油、焦炭、金属矿石、钢铁、非金属矿石、磷矿石 7 个大宗货物品类。

(8)棚车以外车辆装运的货物。

(9)国家法律法规命令禁止运输的货物。

(10)其他不宜作为零散货物运输的货物。

零散货物按货物实际重量(体积)进行受理和承运。对于单件重量超过 1.5t、体积超过 2m³ 或长度超过 5m 的零散货物,以及有特殊运输需求的零散货物,由发到站确认后受理,并明确装运条件。

3. 批量快运

批量快运适用于每一批托运重量 40t 及以上或体积 80m³ 及以上的货物。为进一步满足市场需求,对批量品类货物且单批重量不足 40t 且体积不足 80m³ 时,也可比照批量快运办理,最低按 40t 或 80m³ 计费。

不可批量快运的货物为:①散堆装的货物。②超长、超重、超限、集装的货物。③国际联运货物。④需使用棚车、敞车以外的其他车型装运的货物。

批量快运办理品类见表 1-1。

4. 集装箱运输

集装箱运输是以集装箱为载体,将货物集合组装成集装单元,便于运用大型装卸机械进行装卸搬运的一种运输方式,适用于贵重、怕湿、精密、易损货物的运输。

集装箱运输具有标准化程度高、装卸作业快、货物安全性好、交接方便等技术优势。集装箱办理点,除通用 20ft(6.10m)和 40ft(12.20m)集装箱之外,还提供干散货箱、液体罐箱、水泥罐箱、沥青罐箱、冷藏箱等特种集装箱运输服务。

批量快运货物办理品类 表1-1

序号	品类	序号	品类	序号	品类
1	板材、方材	36	木片	71	特定调温电器
2	玻璃	37	毛、绒毛、人造毛等	72	特定音像机器
3	玻璃器皿及其他制品	38	毛线及其他纺线	73	炭黑、炭白
4	玻璃纤维及其制品	39	泡沫塑料	74	糖料
5	布、呢绒、绸缎	40	普通人造板	75	糖蜜、糖果、蜜饯等
6	被、褥、帐	41	其他编织、缝纫品	76	调味品及其他食品
7	拆解的运输工具及配件	42	其他材料制的衣箱家具	77	体育用品、演艺用品
8	草秸、芦苇、芒杆	43	其他机械设备	78	毯、毡及毡制品
9	草片、蒲包、芦花等	44	其他铝制器皿	79	文具、本册、教具等
10	草绳、棕绳绳等	45	其他木材加工、副产品	80	玩具、童车
11	茶叶	46	其他皮革、毛皮制品	81	鞋
12	灯具、罩、日光套灯	47	其他日用电器	82	橡胶及其制品
13	灯泡、电子管及其他	48	其他塑料制品	83	洗衣机
14	电线、电缆	49	其他陶瓷制品及日用杂品	84	叶粉、叶粒等及饲料
15	电子计算机及外部设备	50	其他烟草制品	85	烟梗、烟末、烟杆(秸)
16	方便面、饼干、粉条等	51	其他饮料	86	有机玻璃制品
17	非食用植物油	52	其他印刷品	87	眼镜、暖水瓶及其他
18	服装	53	其他针、纺织品	88	医疗器械
19	干果、籽实、果核等	54	其他植物及其纤维	89	游乐用品及文教用品
20	干花朵、花瓣	55	其他杂项金属制品	90	油漆、涂料、颜料、染料
21	挂面及其他粮食复制品	56	其他纸制品	91	仪器、仪表
22	干蔬菜	57	肉蛋奶制品、罐头	92	仪器、仪表元、器件
23	钢丝绳等及金属紧固件	58	软木板、软木砖(塞)	93	烟叶
24	工艺品及人造花	59	日用化工品	94	棕
25	酒	60	纱	95	组成的汽车、摩托车、拖斗车
26	金属工具、模具	61	塑钢及其制品	96	组成的自行车
27	金属结构及其构件	62	丝、化学纤维	97	中成药、西药及其他
28	金属制箱、桶、罐等	63	书籍	98	竹地板
29	卷烟	64	石蜡、地蜡	99	铸锻件、泵及普通机件
30	酱腌菜	65	塑料管	100	纸浆
31	建筑陶瓷及耐火酸制品	66	塑料制箱、桶、罐等	101	纸及纸板
32	帽	67	丝绵	102	杂木棍及锄把等
33	木柴、木炭、锯末等	68	食用盐	103	竹片、竹篾、竹扁担等
34	木粉、榆皮粉	69	食用植物油	104	装饰加工板
35	马铃薯	70	石制品	105	竹、藤

序号	品　类	序号	品　类	序号	品　类
106	竹、藤等材料制的家具	109	植物种子	112	其他组成的运输工具
107	铸铁管、瓦楞铁及其他	110	杂项电子电气机械器材		
108	竹、藤及类似材料制品	111	中药材		

三、整车运输的特殊形式

1. 整车分卸及其办理条件

整车分卸是根据托运要求,将同一径路上2个或3个到站后即在站内卸车的货物装在同一货车内,作为一批货物来运输的一种特殊的运输组织方式。

按整车分卸办理的条件:①必须是能够按整车办理的货物;②分卸站必须在同一径路上,且最多不超过3个;③应在站内公共装卸场所卸车,不能在铁路专用线(简称"专用线")、专用铁路卸车;④蜜蜂、需要制冷或保温的货物,以及不易计算件数的货物,不得按整车分卸办理。

2. 途中装卸和站界内搬运

途中装卸是指在两个车站之间的区间或在非货运营业办理站的车站装卸车,因特殊原因或当地没有合适的搬运工具,对按整车运输的货物,托运人可要求站界内搬运或途中装卸。途中装卸的货物,可根据托运人的要求,以途中装卸的后方或前方办理货运业务的车站作为发站或到站。途中装卸的组织工作,由托运人和收货人负责。

站界内搬运是指在站界内铁路营业线上或站线与专用线之间的运输。

途中装卸和站界内搬运都只按规定核收运费,不另收取送车费。

途中装卸和站界内搬运办理条件:

(1)按整车运输的货物,可在铁路局集团有限公司(简称"铁路局集团公司")管内车站办理;

(2)危险货物不得办理。

3. 准、米轨直通运输

米轨是指轨距为1m(1000mm)的窄轨铁路,又称"米轨铁路"。我国云南省某些地区仍然通过米轨相互连通,其中最著名的是法国人100多年前建造的滇越铁路,是西南地区的第一条铁路及中国第一条通车的国际铁路。2020年3月31日是滇越铁路建成通车110周年的纪念日。3月这条百年铁路的中越河口、老街口岸,共开行了国际联运列车126趟,完成国际联运5.64万t,出境3.21万t,入境2.42万t。

为了方便物资运输,减少托运人和收货人在运输途中的作业手续,铁路开办整车货物准、米轨之间的直通运输,即使用一份运输票据,跨及准轨与米轨铁路,将货物从发站直接运送至到站。下列货物不得办理准、米轨直通运输:

(1)鲜活货物及需要冷藏、保温或加温运输的货物;

(2)罐车运输的货物;

(3)每件重量超过5t(特别商定的除外)、长度超过16m或体积超过米轨装载限界的货物。

准、米轨之间直通运输的整车货物,一批的重量或体积应符合下列要求:

(1)轻浮货物常见体积为 $60m^3$、$95m^3$、$115m^3$;

(2)重质货物常见重量为 30t、50t、60t。

4. 国家铁路(简称"国铁")与地方铁路间直通运输

地方铁路,全称地方性质铁路,是指以地方政府部门或企业公司为主要的施工建设、运作维护和经营管理单位的铁路系统,常作为支线铁路运行。

地方铁路有两种,一种是由国铁集团直接管辖的铁路段,其本质还是国家铁路,只不过不是干线铁路,而是支线铁路,以省以下级别的政府部门为主管,国铁集团进行监管,铁路、车辆、站点和人员仍属国家铁路部门部分,如新建的城际铁路多半就是这类型。另一种是总体上脱离了国铁集团经营管理的铁路段,正常的运营与国铁集团没有关系,国家铁路部门仅提供必要的技术支持和施建审批,如城市轨道交通系统就属此类。

国铁与地方铁路之间货物的直通运输是指国铁与地方铁路之间的一票直通运输。办理直通运输的车站,国铁车站由国铁集团公布于货物运价里程表内,是办理货运业务的正式营业车站;地方铁路车站为经地方铁路局集团公司提出、报接轨站所在铁路局集团公司同意后,由国铁集团在《铁路客货运输专刊》公布的车站。

知识点 2　一　批

一、一批的概念

一批是铁路承运货物、计收运费、交付货物和处理货物损失的基本单位,按一批托运的货物使用一张货物运单,按照同一运输条件进行运输。

二、按一批货物办理的条件

按一批运输的货物,其托运人、收货人、发站、到站和装卸地点必须相同(整车分卸货物除外)。

三、一批的划分

(1)整车货物以每车为一批;跨装、爬装及使用游车的货物,每一车组为一批,如图 1-1所示。

(2)使用集装箱运输的货物,以每张货物运单为一批。使用集装箱运输的货物,每批必须是同一箱型,至少一箱,最多不得超过铁路一辆货车所能装运的箱数。

四、按一批办理的限制

(1)易腐货物与非易腐货物。

(2)危险货物与非危险货物(另有规定者除外)。

(3)根据货物的性质不能混装运输的货物(如液体货物、怕湿货物、食品与有异味的货物等)。

(4)保价运输的货物与未保价运输的货物。

a)跨装超长货物

b)汽车爬装

c)使用游车装载超长货物

图1-1 跨装、爬装及使用游车的货物

(5)投保运输险货物与未投保运输险货物。

(6)运输条件不一样的货物(如海关监管货物与非海关监管货物,不同热状态的易腐货物等)。

上述不能按一批托运的货物,在特殊情况下,如果不影响货物安全、运输组织工作和赔偿责任的确定,经铁路局集团公司同意也可按一批托运。

例题1-1 某托运人有电视机500件,保价25万元;麻袋120件,不保价;要求按一批托运。承运人对电视机进行核对后,办理了托运手续。承运人的做法是否正确?

解:不正确,因为保价运输的货物与未保价运输的货物不可以按一批办理。

知识点3 货物运到期限

一、货物运到期限概念

货物运到期限是指铁路将货物由发站运至到站的最长时间限制,是根据铁路现有技术设备条件和运输工作组织水平确定的,也是铁路承运货物的根据。

货物运到期限是铁路运输合同的重要内容,是对铁路运输企业的要求和约束,也是对托运人、收货人合法权益的保护。铁路实行运到逾期责任追究制度和货物运到逾期支付违约金制度。

二、货物运到期限计算

铁路货物运到期限 $t_{运到}$ 由下述3部分组成:

$$t_{运到} = t_发 + t_运 + t_特 \tag{1-1}$$

1. 货物发送期限（$t_发$）

货物发送期限规定为 1 日,从承运人承运货物的次日(指定装车日期的,为指定装车日的次日)起算。

2. 货物运输期限（$t_运$）

普通货物运输,运价里程每 250km 或未满 250km,其货物运输期限为 1 日;按快运办理的整车货物,运价里程每 500km 或未满 250km,其货物运输期限为 1 日。

3. 特殊作业时间（$t_特$）

(1)整车分卸货物,每增加一个分卸站,另加特殊作业时限 1 日;

(2)准、米轨间直通运输的整车货物,另加特殊作业时限 1 日;

(3)需要上门装、卸的货物,特殊作业时限各另加 1 日;

(4)需要门到发站、到站到门接取送达的货物,特殊作业时限各另加 1 日。

货物实际运到天数的计算:起算时间从承运人承运货物的次日(指定装车日期的,为指定装车日的次日)起算。终止时间,到站由承运人组织卸车的货物,到卸车完了时止;到站由收货人组织卸车的货物,到货车调到卸车地点或货车交接地点时止。

货物运到期限,至少为 3 日,才能承运。

例题 1-2　李某从郑州西站至株洲北站托运一批书籍,要求到站送货到门,其运价里程为 958km,计算运到期限。

解：$t_{运到} = t_发 + t_运 + t_特 = 1 + 958/250 + 1 = 6$（日）。

货物发送期限为 1 日。

货物运输期限为 $958/250 = 4$（日）。

特殊作业时间为 1 日(要求站到门运输,因此特殊作业时间另加 1 日)。

因此,该货物的运到期限为 6 日。

三、货物容许运输期限

货物容许运输期限是由托运人提出的货物运输时限,承运人据此确定在规定的运到期限内该货物是否可以承运。托运易腐货物、"短寿命"放射性货物时,应记明货物的容许运输期限。容许运输期限须大于货物运到期限 3 日,方可承运。

例题 1-3　王某自昆明东站发往成都东站一批水果,运价里程为 1109km,水果的容许运输期限为 10 日,试确定该批水果可否承运?

解：$t_{运到} = t_发 + t_运 + t_特 = 1 + 1109/250 + 0 = 6$（日）。

$t_容 - t_{运到} = 10 - 6 = 4$（日）。

货物发送期限为 1 日。

货物运输期限为 $1109/250 = 5$（日）。

货物运到期限为 6 日。

根据题意,货物容许运输期限为 10 日。

该批货物容许运输期限大于货物运到期限 3 日,所以可以承运。

四、货物运到逾期违约金计算

货物运到逾期，是指货物的实际运到天数超过规定的运到期限。货物运到逾期，则承运人应向收货人支付一定数额的违约金。

1. 逾期违约金的支付

若货物运到逾期，则承运人应向收货人按运费的一定比例支付违约金。违约金支付比例见表1-2。

运到期限（10日及10日以内）违约金支付比例 表1-2

运到期限（日）	逾期总天数（日）					
	1	2	3	4	5	6~10
3	15%	20%				
4	10%	15%	20%			
5	10%	15%	20%			
6	10%	15%	15%	20%		
7	10%	10%	15%	20%		
8	10%	10%	15%	15%	20%	
9	10%	10%	15%	15%	20%	
10	5%	10%	15%	15%	15%	20%

例题1-4 A站9月14日承运一批整车货物到B站（运价里程1496km），9月24日B站卸车完成，该货物是否逾期？如果逾期，应向收货人支付多少逾期违约金？

解：$t_{运到} = t_{发} + t_{运} + t_{特} = 1 + 1496/250 + 0 = 7$（日）。

实际运到天数 t 为10日（承运次日9月15日至卸车完毕时间9月24日）。

运到逾期天数 $t_{逾} = t - t_{运到} = 10 - 7 = 3$（日）。

查表1-2，运到期限7日，逾期天数3日，应支付运费15%的违约金。

货物运到期限为11日及11日以上，发生运到逾期时，按表1-3计算违约金。

运到期限（11日及11日以上）违约金支付比例 表1-3

逾期总天数占运到期限的比例	违约金占运费的比例	逾期总天数占运到期限的比例	违约金占运费的比例
≤1/10	5%	>3/10，≤5/10	15%
>1/10，≤3/10	10%	>5/10	20%

2. 快运货物违约金

快运货物超过运到期限，按表1-4退还快运费。

快运货物违约金计算表 表1-4

运价里程（km）	逾期天数（日）	违约金	运价里程（km）	逾期天数（日）	违约金
≥1801	1	退还快运费的30%	1201~1800	1	退还快运费的50%
	2	退还快运费的60%		≥2	退还快运费的100%
	≥3	退还快运费的100%	1200及以下	≥1	退还快运费的100%

　　快运货物运到逾期,除按表1-4中的规定退还快运费外,货物运输期间按每250km运价里程或其未满250km为1日,计算运到期限超时,还应按表1-2或表1-3规定,向收货人支付违约金。

3. 不支付违约金的货物

　　(1)超限货物、限速运输的货物、免费运输的货物,承运人均不支付违约金。

　　(2)从承运人发出领货通知的次日起,如收货人在2日内未将货物领走,即失去要求承运人支付违约金的权利。

五、货物滞留时间

　　货物在运输过程中,由下列原因造成滞留的滞留时间,应从实际运到天数中扣除:

　　(1)因不可抗力引起的;

　　(2)由于托运人责任致使货物途中发生换装、整理所产生的;

　　(3)由于托运人或收货人要求运输变更所产生的;

　　(4)运输活动物,由于途中上水所产生的;

　　(5)其他非承运人责任导致的。

　　由于上述原因致使货物发生滞留时,发生货物滞留的车站,应在货物运单"承运人记事"栏内记明滞留时间和原因。到站应将各种情况所发生的滞留时间加总,加总后不足1日的尾数进整为1日。

　　例题1-5　A站3月6日承运一批整车货物到B站,运价里程为1358km,由于天气原因,该批货物于3月8日在中途某站滞留1日,3月16日到B站卸车完,问该批货物是否逾期? 如果逾期,应向收货人支付多少逾期违约金?

　　解:货物在运输过程中,由不可抗力造成货物滞留的时间,应从实际运到天数中扣除,因此该批货物实际运到天数 t 为9日。

　　$t_{运到} = t_{发} + t_{运} + t_{特} = 1 + 1358/250 + 0 = 7$(日)。

　　运到逾期日数 $t_{逾} = t - t_{运到} = 9 - 7 = 2$(日)。

　　查表1-2,运到期限7日,逾期天数2日,应支付运费10%的违约金。

知识点4　货物快速运输

一、货物快速运输

　　铁路货物快速运输(简称"快运"),是铁路为了加快货物运输、提高货物运输质量、适应市场经济的需要而开办的一种货物运输方式。

　　按快运办理的货物,托运人在向车站托运时,应在运单上加盖"快运"戳记,并缴纳快运费。

　　快速货运班列目前有铁路快运货物班列和直达货物班列。

1. 铁路快运货物班列

　　铁路快运货物班列是指在固定发到时间,有固定车次和运行线、明确的开行周期和运行时刻,按客车化模式组织开行的货物列车,按照速度等级分为特快、快速、普快货物班列。

　　(1)特快货物班列为使用25T型行李车(图1-2)编组、最高运行速度达160km/h的快运货物班列,固定发站、到站、车次、运行线和运行时刻,每日开行。目前,特快货物班列在北京、上海、广州、深圳各站间开行 5 对(10 列),其中有 3 对(6 列)为电商班列。

图 1-2   25T 型行李车

(2)快速货物班列为使用 P65 或 PB 型车(图 1-3)编组、最高运行速度达 120km/h 的快运货物班列,固定发站、到站、车次、运行线,有明确的开行周期和运行时刻。目前,我国有快速货物班列 35 列。

图 1-3   PB 型车

(3)普快货物班列为在全国主要大中城市、港口、物流集散地之间组织开行的,最高运行速度为 80km/h 的快速货物班列。

2.铁路直达货物班列

铁路直达货物班列是指固定发到站、固定货物品类、固定周期、固定运行线、固定车次的整列始发直达货物班列。

二、"五定"班列

1."五定"班列定义

"五定"班列,是指定点(装车站和卸车站)、定线(运行线)、定时(货物运到时间)、定价(全程运输价格)、定车次(直达班列车次),按公布的开行方案组织开行的货物列车。"五定"班列在发到站间直通,开行运行线和车次全程不变,发到日期和时间固定,这种运输组织模式手续简便、运行速度快、价格优惠,从而可以安全、快捷、准时地运输货物。

2."五定"班列的特点

①运行速度快。②手续简便,托运人可在一个窗口一次办理好承运手续。③一次收费,明码标价。④价格优惠,多运多优惠。⑤优质安全,保证运到时间,发生货运问题可及时理赔。

3."五定"班列的开行条件

(1)具备均衡、稳定的货源,特别是零散货源,货源量要达到至少 2 日 1 列,并具备向每日 1 列发展的潜力。

（2）"五定"班列发到站具有相对固定的货物作业线、储存场地和作业场地,具备整列或成组作业能力。

（3）相关技术站具有集结、解体、取送车等作业能力。

4."五定"班列的运输组织

"五定"班列在运输组织上实行"五优先、五不准",即优先配车、优先装车、优先挂运、优先放行、优先卸车;除特殊情况报国铁集团批准外,不准停限装车、不准在分界口拒接、不准保留、不准途中解体、不准变更到站。

棉花、粮食、烟草、食用盐等政令限制物资和国家归口管理物资的运输,必须按国家有关规定办理。不明到站的军运物资、超限和限速运行的货物,不得纳入班列运输。

装车站在班列的货物运单、票据封套右上角加盖"五定班列"红色戳记。铁路鲜活货物运输以"五定"班列等形式为客户服务,保证鲜奶、新鲜瓜果蔬菜等货物的快速运输。

知识点5 货运营业站办理限制

营业办理限制分别按整车、集装箱在"货物运价里程表"上公布。

办理整车营业的车站,在营业线里程表中"营业办理限制"栏内公布。

办理集装箱营业的车站及其办理箱型,在集装箱办理站站名表中公布。

起重能力根据营业线里程表中"最大起重能力"栏中的规定来确定。

营业办理限制用符号"△"表示"不办理";用"○"表示"仅办理";用"□"表示"可以办理"。不能用符号表示的,另加文字说明,常用营业办理限制符号如下。

🔺货——站内及专用线均不办理货运营业。

🔺专——仅办理专用线、专用铁路货运作业。

🔺路——站内仅办理整车路用货物发到。

🔺牲——不办理活牲畜类货物发到。

🔺湿——站内不办理怕湿货物发到。

🔺散——站内不办理散堆装货物发到。

🔺蜂——站内不办理蜜蜂货物发到。

🔺危——站内办理危险货物运输。

✍ **例题1-6** 案例分析:2019年某月某日,邢台发武昌东轨辊4车。货物重37t,武昌东货场最大起重能力为35t,货物重量超过了车站的最大起重能力,不能办理到达业务,违反营业限制。

✍ **拓展知识** 零散货物快运组织

零散货物快运组织管理应遵循全程服务、管理规范、作业标准、方便快捷、安全优质的原则。零散货物快运分为环线快运和点对点快运。环线快运,是指以客车化模式开行的货物快运列车装运零散货物的装运方式;点对点快运,是指同车所装零散货物全部为同一到站且一站直达的装运方式。

零散货物快运车站(简称"快运车站")包括零散货物快运中心站(简称"中心站")、零散货物快运作业站(简称"作业站")、零散货物快运接续作业站(简称"接续站")、零散货物快运办理站(简称"办理站")、零散货物快运无轨办理站(简称"无轨站")。

中心站是指铁路局集团公司管内环线列车和跨局快运列车的发到站和集中作业站,中心站负责铁路局集团公司管内环线列车和跨局快运列车的货物中转、集散分拨、解编取送、车流交换、设备整备等。中心站应为具有货场的编组站或靠近编组站的货运站。原则上,每个铁路局集团公司设置1~2个中心站。中心站应具备车流交换、货物分拣、码放、配装作业、安全检查等条件。

作业站是指铁路局集团公司管内环线列车固定停车站,负责零散货物的受理、承运、制票、集结、保管、装卸、交付等。作业站应具备货物快运列车停靠、进出货、装卸车作业、货物集结、安全检查和防雨雪等基本条件,不受车站性质限制。

接续站是指相邻两铁路局集团公司管内环线列车交汇点,负责相邻铁路局集团公司管间货物的中转交换。接续站应具备货物快运列车停靠、装卸车作业、车流交换等基本条件,其原则上应为中心站或作业站。

办理站是指向作业站集送货物的铁路车站受理网点,负责零散货物的受理、保管、制票等。办理站应具备货物存放、检斤计量、制票收款等条件。既有的货运营业站应全部纳入办理站。

无轨站是指在铁路车站营业场所以外的货源集散地设立的铁路物流经营服务网点。

无轨站除具备揽货功能外,还应拓展以下功能。

(1)营销功能。营销功能包括物流市场调查、品牌宣传、业务洽谈、物流方案设计、客户关系管理等。

(2)服务功能。服务功能包括日常业务咨询、货物受理承运、电子商务服务、在线交易支持、周边客户自提等。

铁路局集团公司可根据市场需求和业务需要,在无轨站提供相应的营销和服务功能。

模块小结

通过本模块的学习,了解铁路货物运输应满足的基本条件,以及铁路货运工作中应该严格遵守的相关法律法规。

《复习思考题》

1. 铁路货运工作依据的主要法规有哪些?
2. 我国铁路运输的货物有哪些品类?
3. 铁路货物运到期限由哪些部分组成?
4. 何谓一批?一批办理的条件是什么?
5. 办理铁路货物运输的种别有哪些?
6. 什么是"五定"班列?
7. 整车运输的特殊形式有哪些?
8. A站按整车运输一批货物到D站,要求上门取货,A、D站间运价里程为189km,试计算其运到期限。

模块1 实训工单

班级：_____ 姓名：_____ 学号：_____ 时间：_____

一、训练目标

1. 专业能力目标：

(1) 能说出铁路货物运到期限的组成部分；

(2) 能说出铁路货物运输办理种别；

(3) 计算货物运到期限。

2. 方法能力目标：

能综合运用铁路普通货物运输专业知识，通过利用铁路普通货物运输专业书籍、课件和相关规章资料获得帮助信息。

3. 社会能力目标：

(1) 在实习训练中保持积极向上的学习态度；

(2) 能与小组成员和教师就学习中的问题进行交流和沟通；

(3) 能与他人共享学习资源，具有较好合作能力和团队协作精神。

二、知识总结

(1) 铁路货物运到期限计算的组成部分。

(2) 一批的概念。

(3) 铁路货物运输办理种别。

三、实训内容

(1) 请指出我国"八纵八横"指的是哪些铁路线？

（2）汇总我国铁路货物运输网络主干线跨越的省、自治区、直辖市（简称"省区市"），经过的主要货运站，每项请列举 2 个（见表 1-4）。

序号	线　名	跨越的省区市	经过的城市
1	陇海—兰新线		
2	京包—包兰线		
3	沪杭—浙赣—湘黔—贵昆线		
4	京沪线		
5	京广线		
6	京九线		
7	焦柳线		
8	宝成—成昆线		

（3）根据里程表，查找出有营业办理限制的车站。

营业办理限制	站　名
🔺货	
ⓩ专	
ⓩ路	
🔺牲	
🔺湿	
🔺散	
🔺蜂	
危	

（4）指出下列 10 种货物的办理种别。

序号	货物名称	规　格	办理种别
1	活牛	10 头，重 50kg/件	
2	冻肉	20 箱，25kg/件	
3	硝化甘油炸药	30 箱，50kg/件	
4	炭黑	5 麻袋，50kg/件	
5	水泵	1 箱，11kg/件，0.23m×0.18m×0.4m	
6	服装	265 箱，35kg/件，0.85m×0.65m×0.4m	
7	蜜蜂	70 箱，30kg/件	
8	门吊桁架	1 件，500kg/件，长 32m	
9	小毛竹	10 捆，20kg/件	
10	机床	1 箱，3000kg/件	

(5)A 站发往 H 站活猪一批,于 10 月 28 日承运,按快运办理,运价里程为 1582km,如果于 11 月 5 日卸车完毕,问到站应如何处理?

(6)王某从甲站按整车托运一件货物到丙站,货物重 20300kg,试计算其运到期限,运价里程为 1002km。

四、实训小结

_____

_____

五、成绩评定

评价等级	表达能力	沟通能力	团队合作能力	实操能力	知识掌握能力
评价结果					

指导老师评语:

学习者签字: 日期: 年   月   日
指导教师签字: 日期: 年   月   日

模块 2

整车货物运输组织

模块描述

　　整车货物运输量占铁路运输量的 95% 以上,普通货物中的大宗货物,特殊货物中的鲜活、危险、大件货物,基本上都属于整车货物。因此,掌握整车货物运输过程是货物运输的基础。

教学目标

　　1.知识目标
　　(1)掌握整车货物运输组织方法。
　　(2)掌握整车货物发送作业过程。
　　(3)掌握整车货物途中作业的内容。
　　(4)掌握整车货物到达作业过程。
　　2.能力目标
　　熟练掌握铁路货物运输的各个环节及相互联系。
　　建议课时:24 课时。

单元 1　整车货物运输组织方法

知识点 1　货物运输计划

一、货物运输计划的意义

　　铁路是国民经济的大动脉,为了保证市场经济的有序发展,铁路运输必须实行计划运输。铁路运输计划是国民经济计划的一个重要组成部分,是铁路实行计划管理的基础。

　　铁路运输的主要任务是客货运输,通常将旅客运输计划、货物运输计划、机车车辆运用计划统称为运输计划。铁路货物运输计划在整个铁路运输计划中占有十分重要的地位,是

19

对铁路货物运输的具体组织和安排,是铁路日常运输组织工作的重要组成部分,也是实现运输效益最大化的重要手段。

二、货物运输计划的作用与种类

货物运输计划应明确规定货物的运量、运量的构成和运输方向。为了加强计划管理,凡经由铁路运输的货物都要纳入运输计划,实行计划运输。

1. 货物运输计划的作用

(1)经济合理地使用铁路运输设备,优化运力资源配置,最大限度地满足国民经济对铁路运输的需要,促进国民经济发展。

(2)促进各种运输方式的合理分工和协调发展。

(3)科学地组织货源货流,优化货物运输组织,挖掘运输潜力,开展合理运输、直达运输,实现均衡运输。

(4)促进铁路自身的计划管理,为安排各种计划提供可靠的依据。

2. 货物运输计划的类别

按照货物运输计划实施期限的不同,将其划分为长远货物运输计划、年度货物运输计划、月度货物运输计划、旬计划、日计划。

(1)长远货物运输计划。

长远货物运输计划是较长时间的远景计划,有五年计划、十年规划等。它根据国民经济和社会发展的远景规划进行编制,为制订铁路网发展规划和技术装备发展计划提供依据。

(2)年度货物运输计划。

年度货物运输计划是指科学合理地制订和下达全路和各铁路局集团公司年度运输主要指标。年度运输计划的编制,应根据经济市场对铁路运输的需要,通过经济调查,核定年度货物发送量、确定货物流向,计算货物平均运程、货物周转量、货物运输密度等指标,并将这些数据作为编制年度机车车辆运用计划、列车编组计划和列车运行图的依据。

(3)月度货物运输计划。

月度货物运输计划可以保证年度货物运输计划在计划月份的具体安排。月度货物运输计划是铁路紧密联系市场的纽带,是铁路货运营销的重要内容。

(4)日计划。

日计划以满足和保证货物运输为前提,根据月度计划和运输实际情况编制、下达日计划,未纳入旬计划的需求要在日计划中安排,以确保货物随到随装。

知识点 2 整车货物运输作业流程

整车货物运输的基本作业包括发送作业、途中作业和到达作业。其作业流程如图 2-1 所示。

```
                              客户需求

  货运营业        95306网站    95306网站      货运        上门受理
  场所受理                     我要发货       营业场所
  服务电话

                              确认需求

                                          不确定装车日期

            确定装车日期                       预约

                                          确定装车日期

                          订车,生成实货运单

                          取货安排

  客户送货                   上门取货               专用线装车作业

  验货交接                   验货交接               交接签约

                          进站交接

  仓储服务  ◄── 运单受理                          运单受理

  核算制票收费      整车装车作业                    核算制票收费

                          途中运输

            卸车作业                           交接签字

                          送货安排

  到货通知  ──► 仓储服务      出站交接

  客户自提  ◄──             送货上门               专用线卸车作业

                          货物交接

            客户签收      货运事故处理与理赔

            投诉、回访、满意度调查
```

图 2-1　整车货物运输作业流程

单元2　整车货物发送作业

货物在发站所进行的各项作业统称为发送作业,发送作业包括托运、受理、进货、验收、制票、承运、装车等环节。

知识点3　运输需求与受理

一、需求提报

托运人通过电商系统在网上自助办理,或者通过委托货运站工作人员在电商系统进行运输需求提报。

1. 提报运输需求的方式

(1)铁路货运电子商务系统(简称"电商系统")注册客户通过商务系统提出运输需求。客户在电商系统注册时,应提供必要证明材料,明确托运经办人,托运经办人变化时应及时更改托运经办人信息。

(2)非注册客户在铁路货运网上营业厅(图2-2)的"自助办理"项目中直接提出运输需求。

图2-2　铁路货运网上营业厅示意图

(3)客户可拨打95306网站客服电话,货运客服人员根据客户提供的需求信息,在电商系统代为录入运输需求。

(4)客户拨打货运受理服务电话,货运营业厅工作人员根据客户提供的需求信息,在电商系统代为录入运输需求。

(5)客户在货运营业厅办理或货运工作人员上门受理的,可由客户填写纸质运单需求联,由货运工作人员代为录入电商系统。

2. 确认运输

车站应落实货物运输实名制。托运人为个人的,查验托运人身份证原件,留存复印件;托运人为单位的,查验营业执照、经办人身份证原件,留存营业执照、经办人身份证复印件及注明经办人信息、联系方式、联系地址及所用印章的证明材料。承运零散快运货物时,车站查验经办人身份证原件,留存经办人身份证复印件或采集影像资料。

3. 提报运输需求的要求

托运人在电商系统提报运输需求时,须上传相关证明文件。

需要证明文件运输的货物,一般有以下几类物资:

(1)物资管理方面,如托运麻醉品、枪支、民用爆炸品等货物,托运人必须上传药政管理部门或公安部门的证明文件。

（2）物资运输归口管理方面，如托运烟草、酒类等，托运人应上传有关物资管理部门的证明文件。

（3）国家行政管理方面，如托运进出口货物，托运人应上传进出口许可证。

（4）卫生检疫方面，如托运种子、苗木、动物及其产品等，托运人应上传动植物检疫部门的检疫证明文件。

二、受理

车站对客户提报的需求进行实货核实，在电商系统确认后，进行运单受理。在铁路货运站安全监控与管理系统（简称"货运站系统"）分配货区货位。

车站在电商系统进行实货核实并受理客户提报的需求，货运员受理时，应按既有规定选择"标准记事"中列明的记事，标准记事有对应戳记的在运单需求联中显示戳记。"承运人记事"除显示标准记事外，也可根据实际情况录入自由记事。

（1）检查需求信息是否完整、准确。

（2）货物名称应与"铁路货物运输品名及检查表"中的货物名称一致。

（3）审核发到站办理限制、起重能力、专用线办理范围、危险货物办理限制、临时停限装、特定运输条件、接取送达等信息。

（4）审核证明文件、技术资料等原件，采集影像资料。

（5）运单受理通过前对成组或整列运输的运单需求联进行标记。

（6）选择添加承运人标准记事和运输戳记；填记装载加固方案号码、费用浮动项目号及相关记事。

（7）国际联运出口（含过境）运输，还需审核客户是否在电商系统中填制国际联运运单，即客户提供的纸质国联运单是否有电商系统生成的 8 位国联运单号，纸质运单托运人填记部分的各栏内容是否与电商系统中填记的一致。

知识点 4　进货验收和仓储保管

一、进货验收

车站凭进货通知、纸质运单需求联或需求号接收货物。

需要上门接取的货物，接取送达系统接收电商系统或零散快运平台推送的物流需求信息，铁路局集团公司组织物流企业上门接取货物，将货物接取至装车地点后，与车站交接货物。

车站接收托运人搬入车站的货物时，按运单需求联对货物品名、件数、运输包装、标记及加固材料等进行检查，确认符合运输要求并同意货物进入场、库指定货位的作业，称为验收。

货物验收时，需要检查的内容主要有以下几项。

1. 货物名称、件数、重量是否与运单需求联相符

在运输过程中，保证货物重量和件数的完整是承运人必须履行的义务，因此，铁路相关管理部门明确规定了货物件数和重量的范围。

（1）整车货物原则上按件数和重量承运。

（2）在货运作业过程中,点件费时费力的货物,则不计件数,只按重量承运。如:①散堆装货物;②成件货物规格相同(规格在3种以内视为相同),一批数量超过2000件;③成件货物规格不同,一批数量超过1600件。

2. 货物的状态是否良好

货物如有缺陷,但不影响货物安全,可由托运人在货物运单内具体注明后托运。

3. 货物的运输包装和标志是否符合规定

货物的运输包装是保证货物运输安全的主要条件,也是托运人应尽的义务之一。托运人托运货物时,应根据货物的性质、货物的重量、运输种类、气候及货车装载等条件,使用符合运输要求、便于装卸和能保证货物安全的运输包装。

托运的货物,应按国家包装标准或行业标准进行包装。若没有统一规定包装标准,车站应会同托运人研究制订货物运输包装暂行标准,并共同执行。对于需要试运的货物运输包装,除有特殊规定者外,车站可与托运人商定条件,组织试运。

货物的运输包装不符合运输要求时,应由托运人改善后方可承运。

某些货物由于其易碎、怕湿、怕热等性质,在运输和装卸搬运过程中需要特别注意,因此,在货物包装上要做好包装储运图示标志,如图2-3所示。

图2-3　包装储运图示标志

4. 货物标记(货签)是否齐全、正确

货物标记即货签(图2-4),是一种指示标记,其记载内容必须与运单上记载的对应栏目相符。货签适用于零散白货运输,是保证货物正常运输的重要手段,是货物与运单相互联系的纽带,在运输过程中具有重要作用。

图2-4　货物标记(货签)式样

在制作货签时应采用坚韧材料,在每件货物两端各粘贴或钉固一个。如果货物包装不适宜粘贴或钉固,可用拴挂的办法。不适宜用纸质货签的货物,应使用油漆在货件上书写标记,或用木质材料、金属材料、塑料板、布等制成的货签作为标记。

托运行李、搬家货物时,除使用布质、木质、金属等材料的货签外,还应在货物包装内部放置标记,以防外部标签丢失。不得使用铅笔填写货签,货件上的旧标记应撤除或抹消。

5. 装载整车货物所需的货车装备物品或加固材料是否齐全

装载整车货物所需的货车装备物品或加固材料由托运人准备,并应在货物运单托运人记事栏内记明其名称和数量,在到站将其连同货物一并交付收货人。

二、仓储保管

货物验收完毕,应在货场内存放,即货物的仓储保管。凡存放在装卸场所内的货物,应距离货物钢轨外侧 1.5m 以上,并应堆放整齐、稳固(图 2-5)。整车货物要定型堆码,保持一定高度。零散和集装箱货物,要按批堆码,货签向外,留有通道。装车货物堆码时,距离钢轨头部外侧不小于 2m(图 2-5)。站台上的货物堆码时,货垛距离站台边沿不小于 1m。货物堆码要做到:安全、经济、便利、整齐、文明。整车货物可根据协议进行仓储保管。

1. 货场内整车散堆货物堆码

煤、砂石、土类等货物在货场堆码时,应集中堆放,保持自然坡度,不同品种货物不掺不压,如图 2-6 所示。

图 2-5　装车货物堆码

图 2-6　煤、灰、砂、石、土类货物堆码

2. 货场内整车成件货物堆码

成件货物在堆码时,应分行码放,顶部压缝,垛形整齐。纸箱包装要箱口向上,液体货物封口向上,怕湿货物露天堆码地面要铺垫防湿垫木,上部要起脊并苫盖严密。袋装货物边行袋口朝里,箱装桶装货物封口向上,如图 2-7 ~ 图 2-10 所示。

图 2-7　袋装货物堆码

图 2-8　箱装货物堆码

图 2-9　怕湿货物露天堆码

图 2-10　桶装货物堆码

知识点 5　货物装车作业

装车是货物发送作业中十分重要的一个环节,货物运输质量的高低在很大程度上取决于装车作业的好坏。装车质量直接影响到货物安全、货物运输速度以及列车运行安全。因此,合理使用货车和装卸机械,合理组织劳动力,遵守装车作业规章制度和作业程序,对顺利完成装车作业具有重要意义。

一、装卸责任的划分

装卸车组织工作中,应根据装卸地点和货物性质来划分承运人、托运人、收货人的责任范围。

1. 由承运人负责组织

在车站公共装卸场所内(主要指铁路货场)进行的装卸作业,由承运人负责。在铁路货场装车时,货运人员在货运站系统中调取并核实电子运单需求联相关信息,选择车号,录入施封号、篷布号等信息。装车完毕后,电子运单需求联状态变更为"已装车"。

2. 由托运人或收货人负责组织

(1)须用罐车运输的货物。

(2)冻结的易腐货物。

(3)未装容器的活动物、蜜蜂、鱼苗等。

(4)1 件重量超过 1t 的放射性同位素。

(5)用人力装卸带有动力的机械和车辆。

二、合理调配使用货车

货车是铁路运输工具,对其使用是否正确,直接影响行车安全、货运质量、车辆完整,以及车辆运用效率。合理调配使用货车的原则是:车种适合货种,标重配合货吨,载重大的货车装重质货物,载重力小的货车装轻浮货物。

(1)承运人应按照运输合同约定的车种拨配适当的车辆。如无适当的货车用以拨配,在征得托运人同意、保证货物安全、货车完整和装卸作业方便的情况下可以其他车辆代用。装车前应正确选择车辆,遵守货车使用限制表(表 2-1)及有关规定。未经国铁集团或铁路局集团公司批准,对各类货车的使用不得超出货车的设计用途范围。

货车使用限制表 表 2-1

序号	货物名称	车种								备注
		棚车	敞车	底开门车	有端侧板平车	无端侧板平车	有端板无侧板平车	铁地板平车	共用车	
1	散装的煤、灰、焦炭、砂、石、土、矿石、砖	×				×	×	×	×	无端侧板平车或有端板（渡板）无侧板平车（共用车除外），在使用围挡并安有支柱时，可装运煤、灰、砂、石、土、砖
2	金属块			×		×	×	×	×	无端侧板平车或有端板（渡板）无侧板平车（共用车除外），在使用围挡并安有支柱时，可装运散装的金属块
3	空铁桶				×	×	×		×	应加固并外罩绳网
4	木材				×	×	×		×	原木不得使用棚车装运
5	超长货物	×	×	×						1t集装箱可装棚车
6	超限货物	×		×				×		
7	钢轨	×		×				×		
8	成组的机动车辆	×	×	×				×		成组的摩托车、手扶拖拉机及小型车辆可使用棚车，在到站有起重能力时，可使用敞车

注："×"表示不准使用的车种。

（2）承运人应拨配状态良好、清扫干净的货车装运货物。

（3）对于保密物资、涉外物资、精密仪器、展览品等货物，能用棚车装运的，必须使用棚车，不得用其他货车代替。

（4）对怕湿、易于被盗、易于丢失的货物，也应使用棚车装运。

（5）毒品专用车和危险品专用车不得用于装运普通货物。

三、装车前的检查

为了使装车工作顺利进行，保证装车工作质量，货运员在装车前一定要做好"三检"工作。

1. 检查货物运单需求联

检查货物运单需求联的记载内容是否符合运输要求，有无漏填和误填。

2. 检查待装货物

按照货物运单记载的内容，认真核对待装货物的品名、件数，检查标志、标签和货物状态是否符合要求。

3. 检查货车

检查货车是否符合使用条件；货车车体、车门、车窗、盖、阀是否完整良好，车内是否干净，是否被毒物污染；货车定检是否过期，有无扣修通知、色票、货车洗刷回送标签或通行限制。货车检查时，如有不符合使用的情况，应采取适当措施，必要时可更换车辆。

发现货车损坏不能使用时，填制"不良货车通知单"（图 2-11），递送车站签收并在铁路车站综合管理信息系统（简称"现车系统"）标记"不良货车"标志；发现系统显示车号与实际

不良货车通知单　　No. XXXXXXXXXXX

20　　年　　月　　日

车次_____ 车辆停留在_____场_____线

(1) 车种车型_____ (2) 车号_____

(3) 载重_____ (4) 空重别_____

(5) 主要损坏部分_____

_____

(6) 备注_____

填发人：_____签章

车站签收时间：____月____日____时____分

车站签收人：_____签章

说明：本通知单用于记录不良货车状况，作为统计不良货车的依据，一式二份，一份留存、一份交车站。

图 2-11　不良货车通知单

现车不一致时,通知行车部门处理;发现空车带有电子票据的,由车站按票车不符流程处理;发现实际货物名称与运单需求联或物品清单记载不一致的,不得装车。

四、装车作业的要求

装车作业无论是由托运人组织还是由承运人组织,都必须巧装满载,并不断改进装载方法,以充分利用货车载重量和容积。特种货物的装车,应按有关规定严格进行货物检查、车辆检查、安全检查。

1. 对货物装载重量的要求

货物装载重量不得超过货车容许载重量。

货车容许载重量是指铁路运输中货车的最大装载重量。

货车容许载重量($P_容$)包括以下 3 部分:

$$P_容 = P_标 + P_特 + P_增 \qquad (2-1)$$

(1) 货车标记载重量($P_标$)。

货车标记载重量是指标记在车体的两侧或两端标明的载重量。

(2) 特殊情况下可以多装的货物($P_特$)。

货物净重加上包装及防护物重量,或机械装载不易计算件数的货物减吨确有困难时,允许多装,但多装的重量不得超过货车标记载重量的2%。

(3) 货车的允许增载量($P_增$)。

根据规定,货车的允许增载量为:

① 使用 60t 平车装运军运特殊货物,允许增载 10%;

② 国际联运的中、朝、越铁路货车(C_{70}型系列、C_{76}型系列、C_{80}型系列货车除外)允许增载 5%;

③ 涂打有禁增标记的货车和规定不允许增载的货车,严格按照货车标记载重量装载,不准增载;

④ 增载货车车型、适装货物品类、最大允许增载量按《铁路货车增载暂行规定》执行,见表 2-2、表 2-3。

不允许增载的货车车型　　　　　　　　　　　　　　　　　　　表 2-2

序号	车 种 车 型
1	企业自备车中标记载重 60t 级敞车外的其他车种车型
2	P_{62K}、P_{62T}、P_{70}型棚车
3	N_{17K}、N_{17AK}、N_{17AT}、N_{17GK}、N_{17GT}、N_{17T}型平车
4	罐车(G)、矿石车(K)、家畜车(J)、水泥车(U)、粮食车(L)、保温车(B)、集装箱车(X)、共用车(NX)、毒品车(W)、长大货物车(D)以及长钢轨运输车(T)
5	涂打有禁增标记的货车
6	C_{70}(含 C_{70H}、C_{70A}、C_{70C}、C_{70E}、C_{70EH}、C_{70EF}、C_{70B}、C_{70BH})、C_{76}(含 C_{76H}、C_{76A}、C_{76B}、C_{76C})、C_{80}(含 C_{80H}、C_{80A}、C_{80AH}、C_{80B}、C_{80BH}、C_{80BF}、C_{80C}、C_{80CA})型货车

增载货车车型,适装货物品类及允许增载重量　　表2-3

序号	增载货车车型	适于增载货物品类	最大允许增载
1	C_{62BK}、C_{62BT}、C_{64A}、C_{64H}、C_{64K}、C_{64T}型敞车	煤、焦炭、铁矿石、其他金属矿石、生铁、硫铁矿、石灰石、铝矾土、石膏、磷矿石,泥土、砂、石料、灰渣等散堆装货物	3t
2	C_{62BK}、C_{62BT}、C_{64A}、C_{64H}、C_{64K}、C_{64T}型敞车	除序号1所述品类外的其他适合敞车装运的货物	2t
3	C_{62AK}、C_{62AT}型敞车	适合敞车装运的货物	2t
4	企业自备车中标记载重60t级敞车	煤	2t
5	P_{62NK}、P_{62NT}、P_{63}(含P_{63K})、P_{64}(含P_{64A}、P_{64AK}、P_{64AT}、P_{64GH}、P_{64GK}、P_{64GT}、P_{64K}、P_{64T})、P_{65}(含P_{65S})型棚车	适合棚车装运的货物	1t(快速货物班列中P_{65}的装载重量按有关规定执行)

在允许增载规定范围内,货物重量超过标记载重量时,应按货物实际重量计算。

例题2-1　使用60t P_{62N}型(含P_{62NK}型和P_{62NT}型)棚车装载货物,其容许载重量有哪两种情况?

答:(1)特殊情况下,按《铁路货物运输规程》第26条的规定,可以多装2%时,其容许载重量为$60+60×2\%+1=62.2(t)$。

(2)装载其他货物时,其容许载重量为$60+1=61(t)$。

例题2-2　使用60t禁增敞车装载货物时,其容许载重量有哪两种情况?

答:(1)特殊情况下,按《铁路货物运输规程》第26条的规定,可以多装2%时,其容许载重量为$60+60×2\%=61.2(t)$。

(2)装载其他货物时,其容许载重量为60t。

2.对货物装载高度和宽度的要求

货物装载的高度和宽度,除超限货物和特定的货物外,均不得超过机车车辆限界或特定区段装载限界。

3.车内货物堆码要求

1)一般货物堆码技术要求(图2-12)

车内(或车门处)空隙较大时要阶梯码放;各种货物码放应做到不偏重、不集重、不超重。

2)包装成件货物装车堆码技术要求

装载体轻货物时应做到分层压缝、堆码牢固,超出车帮时,两侧突出部分应一致,货物重心应倾向车内,车辆两端的货物要捆绑牢固,以防货物倾斜坠落。高出车帮货物装车堆码如图2-13所示。

3)易磨损、污染货物堆码技术要求

易磨损货物要衬垫,易污染货物要隔离,流质、易磨损货物不与易窜动和有尖锐棱角货件码在一起(图2-14)。

4)散堆货物装车堆码技术要求

装车时禁止直接砸落车底,并注意堆放均匀,不得偏载,堆垛必须整齐稳固。人力装卸煤、砂、石碴、片石、生铁等货物,应从上向下层层挖取,禁止掏洞,随时注意倒塌滚动的危险。对互相挤压不易搬动的物料应使用撬棍挪动,不得手搬脚蹬。货车内散堆货物堆码如图7-15所示。

图 2-12　一般货物堆码技术要求

图 2-13　高出车帮货物装车堆码

图 2-13　易磨损、污染货物装车堆码

图 2-14　货车内散堆货物堆码

4.其他要求

(1)整车货物装载量超过货车的容许载重量时,承运人应向托运人补收运费。整车货物因车辆容积或载重量的限制,装车后有剩余货物时,车站应与托运人协商处理。

(2)货物应均匀摆放于车地板上,不超重、不偏载、不偏重、不集重,确保货物在运输中不发生移动、滚动、倒塌或坠落等。

(3)使用敞车装载怕湿货物时,应将货物堆码成屋脊形,苫盖好篷布,并将绳索捆绑牢固。

(4)使用棚车装载货物时,装在车门口的货物应与车门保持适当距离,防止货物挤住车门或湿损。

(5)使用罐车装运货物时,应装到空气包底部,既不能超装也不能欠装,并由装车单位负责将排油阀关严。

五、货车施封和篷布的使用

1.货车施封

为保证货物安全和完整,便于交接和划分运输责任,对装车后的棚车和冷藏车的车门及罐车的注、排油口应采取施封措施。使用棚车、冷藏车、罐车、集装箱运输的货物,由组织装车或装箱单位负责在货车或集装箱上施封。派有押运人的货物、需要通风运输的货物以及组织装车单位认为不需施封的货物(集装箱运输的货物除外),可以不施封。

施封时应使用粗铁线将两侧车门上部门扣和门鼻拧固并剪断燕尾,在每个车门下部门扣处各施1枚施封锁(图2-16)。施封后须对施封锁的锁闭状态进行检查,确认落锁有效,确认后不能拉开车门。施封的货车应在运单、票据封套和货车装载清单上注明,且记明施封号码(如F146355、F146356)。

a) 棚车锁

b) 罐车锁

c) 集装箱锁

d) 电子施封锁

图2-16　施封锁示意图

2.篷布的使用

(1)篷布的类型。

货车篷布是铁路货车的辅助工具,按产权分为铁路篷布和自备篷布。铁路篷布是承运人提供的,自备篷布是托运人购置的篷布。铁路篷布采用7位编号,第1位是该篷布投入使用的年份,后6位是顺序号;自备篷布采用9位编号,前4位是该篷布投入使用的年份,后5位是顺序号。D型篷布如图2-17所示。

(2)篷布使用的基本条件。

①篷布仅用于苫盖敞车装运的怕湿、易燃货物或其他需要苫盖篷布的货物。毒害品、腐蚀性物品及污染性物品不得使用铁路篷布苫盖。苫盖易于损坏篷布的货物时,装车单位必须采取防护措施,防护材料由托运人提供。

②铁路篷布不得外借或挪作他用。发现将铁路篷布挪作他用的行为时应立即纠正,并按规定核收篷布延期使用费。托运人在铁路篷布不能满足其货物运输需求时,可购置自备篷布。自备篷布不得出租经营。

图 2-17　D型篷布(尺寸单位:mm)

③装车使用的篷布必须质量良好,篷布绳齐全,标记、号码完整清晰。篷布不得横苫、垫车、苫在车内,不得代替装载加固材料。铁路篷布不得与自备篷布混苫。

④专用铁路、铁路专用线运输协议应包含铁路篷布交接、使用、保管、回送、延期使用费核收、损坏丢失赔偿等内容。已运达专用铁路或专用线的铁路篷布,自货车调到交接地点次日起,2日内由收货人将铁路篷布送到车站指定地点。收货人未按规定日期将铁路篷布送回时,应按规定核收铁路篷布延期使用费。

⑤铁路篷布损坏、丢失时,应按规定向责任者核收赔偿费;因托运人或收货人责任损坏、丢失的,自指定送回车站之日起,至赔偿当日止,同时核收篷布延期使用费。

铁路货车篷布作业质量标准见附录中的附表2。货车篷布使用方法见附录12,具体内容如下。

(3)篷布使用的注意事项。

图 2-18　装车篷布状态良好

①发站使用篷布前,应逐张检查质量。使用铁路篷布时,应将篷布号码填记在货物运单"篷布号"栏内。

②托运人组织装车对篷布的完整状态进行检查,保证篷布良好(图 2-18)。

③专用铁路、铁路专用线使用铁路篷布时,由托运人凭"货车篷布交接单"(表 2-4)到车站领取篷布。

货车篷布交接单　　　　　　　　　表 2-4

年　　月　　日

顺号	篷布号码	时间	车种车号	用别	发(到)站	质量状况	记事
1							
2							

交方单位(章):　　　　　　　　　　接方单位(章):

经办人(签字):　　　　　　　　　　经办人(签字):

④铁路篷布要存放于固定地点,按规定折叠,妥善保管,进行日常整理和晾晒,在用、待修、待报废篷布应分别码放。

⑤自备篷布由于承运人责任造成损坏、丢失时,车站应编制货运记录,由承运人负责赔偿。

⑥使用铁路篷布,货物运输票据记载的号码与实际不符时,发现单位应按实际更正,编制普通记录并向发(到)站和发到铁路局集团公司调度拍发电报,责任铁路局集团公司应于当日调整。

(4)篷布回送。

铁路篷布凭调度命令回送。回送篷布时,要填写篷布交接单。车站填制"特殊货车及运送用具回送清单"(表 2-5),回送清单一车一单,发到站打印留存。到站调取电子回送清单,录入到达时间和经办人姓名后打印留存。

特殊货车及运送用具回送清单　　　　　　　　　表 2-5

发站		到站(局)			发送日期		回送命令号码	
车种车号		施封号码			到达日期		回送种类	
回送的货车或运送用具				附注				
种类	号码	数量	重量(kg)					

发站经办人:　　　　　　　　　　　　　　　　　　到站经办人:

注:1.本清单一车一单,发到站打印留存。

　　2.各栏要填写准确。对于按调度命令回送的,应将命令号码记入"回送命令号码"栏内。

　　3.回送集装箱时,"回送种类"栏填记集装箱,"种类"栏填记箱型箱类,"号码"栏填记箱号。

　　4.回送篷布时,"回送种类"栏填记篷布,"数量"栏填记回送张数,"种类""号码"栏不填记。

　　5.回送空罐车时,"回送种类"栏填记"Q"(轻油)、"L"(黏油),车体上的油种涂有代用字样时,按所代用的油种填记,"种类""号码""数量"栏不填记。

　　6."重量"栏按照铁路货车统计规则规定填记。

①铁路局集团公司管内篷布回送。

铁路局集团公司管内可利用行李车(一批限 10 张以内)或采用零散货物快运方式免费回送铁路篷布。经行李车回送时,按路用品运输有关规定办理。采用零散货物快运方式回送时,凭"特殊货车及运送用具回送清单"办理。

②跨铁路局集团有限公司回送铁路篷布。

跨铁路局集团有限公司回送铁路篷布限采用整车方式,每车一般不少于 100 张,少于 100 张时需经国铁集团调度批准。使用敞车回送时,苫盖的铁路篷布按回送铁路篷布统计。

六、货运票据封套

铁路货物装车时,车站在货运站系统中调取并核实运单需求联相关信息,选择车号,录入施封号、篷布号等信息。

为便于交接和保持运输票据的完整,下列货物的运输票据应使用货运票据封套(表2-6),封固后随车递送。

货 运 票 据 封 套　　　　　　　　　　　表2-6

```
                         货运票据封套

   车种车号_____      标记载重量_____

   货物到站_____  到局_____  篷布号码_____

   运单号码_____

   货物品名_____  货物实际重量_____

   收货人及卸车地点_____

   施封号码_____

   记    录_____



                            发站戳记

                            经办人章
```

(1)国际联运货物和以车辆寄送单回送的外国铁路货车。

(2)军事运输的货物。

封套封面上各栏应根据实际情况填记并加盖车站日期戳记、带站名的经办人名章和监封人员名章。封套内运输票据的正确完整由封固单位负责。货运票据封套封口前,经办人、监封人必须同时对票据封套记载的事项和实际运单进行核对,保证运输票据齐全。除卸车站或出口国境站外,其他单位和个人不得拆开封套。当运输途中发生特殊情况必须拆开封套时,由负责拆封套的单位编制普通记录证明(附入封套内),并再行封固,在封口处加盖带有单位名称的经办人名章。

七、货车表示牌

货车表示牌(图2-19)是给车站调车人员起提示作用的,以防发生事故。按规定需要"禁止溜放"或"限速连挂"的货车,装车站应在其两侧插挂货车表示牌,由到站卸车完毕后撤除。

八、装车后的检查

为了保证正确运送货物和行车安全,监装货运员需进行装车后的"三检",具体包括:

1. 检查车辆装载

检查有无超重、偏重、超限现象;货物装载是否稳妥、捆绑是否牢固、施封是否符合要求、货车表示牌插挂是否正确;对敞车,要检查车门插销、底开门搭扣、篷布苫盖和捆绑等情况;对超长、超限、集重货物,检查是否按规定的装载加固方案进行装载加固,超限货物还须根据装载方案测量装车后的尺寸。

根据超偏载检测装置检测结果,对严重的超偏载货车,应通知货检和列检人员联合检查,车辆技术状态正常不危及行车安全的,要做出记录,重点监控运行;危及行车安全的,须立即扣车,换装整理后,方能挂运。

图 2-19　货车表示牌

2. 检查运单需求联

车站在货票系统中核对"已装车"的整车运单有无漏填和误填,车种、车号和货票系统中的运单、货运票据封套记载是否与实际情况一致。实际货物件数、重量与运单需求联或物品清单记载不一致时,按实际装车的货物件数、重量修改运单需求联和物品清单。

计费承运前,如果发现货车运单承运人填记信息不准确、不完整,应在货运站系统进行取消操作,重新进行装车作业。

3. 检查货位

检查货位有无误装或漏装。装车后,实际货物件数、重量与运单需求联或物品清单记载不一致时,按实际装车的货物件数、重量修改运单需求联和物品清单。

知识点 6　制票、承运和押运

一、制票和承运

1. 运单

货物运单是托运人与承运人之间,为运输货物而签订的一种运输合同。它是确定托运人、承运人、收货人之间在运输过程中的权利、义务和责任的原始依据。货物运单既是托运人向承运人托运货物的申请书,也是承运人承运货物和核收运费、填制票据以及编制记录和备查的依据。

1)货物运单格式

货物运单的背面分别印有"托运人须知""收货人须知"和"货物托运安全承诺书"。货物运单正面如图 2-20 所示,货物运单背面如图 2-21 所示。

2)货物运单填制说明

托运人填写部分说明,带"﹡"的栏目为必填项,具体填写要求见附录表 1。

××铁路局
货 物 运 单

需求号:201708HY6666660001

(整车,集装箱,批量,零散)

图 2-20　货物运单正面

托运人须知

1.托运人在铁路托运货物，在本单签字或盖章，即证明愿意遵守《中华人民共和国合同法》《中华人民共和国铁路法》《铁路安全管理条例》等法律法规，以及《铁路货物运输规程》等铁路规章的有关规定。

2.托运人应签署《货物托运安全承诺书》，不得匿报、谎报货物品名，不得托运或在所托运货物中夹带国家禁止运输的物品，不得在普通货物中夹带危险货物，不得在危险货物中夹带禁止配装的货物。

3.**托运人在本单所记载的货物名称、件数、包装、价格、重量等事项应与货物的实际完全相符，并对其真实性负责。**

4.货物的内容、品质和价格是托运人提供的，承运人在接收和承运货物时并未全部核对。

5.**托运人应妥善保管电子领货码或领货凭证，并及时将电子领货码告知或将领货凭证寄交收货人，收货人凭电子领货密码或领货凭证经到站验证后，在到站领取货物。**

6.托运人选择电子领货方式时，应在电子运单中正确填记收货人的经办人姓名、身份证号码、手机号码和电子领货密码。

7.托运人选择保价运输时，应填写货物的实际价格，作为计算"保价金额"的依据。当货物在运输过程中发生损失时，承运人对保价货物按照货物的保价金额和损失比例赔偿，对非保价货物，按规定的限额赔偿。

8.托运人应凭本单于次月底前换开增值税发票。

9.本单于承运人和承运人双方签字或盖章之时起生效。

收货人须知

1.**收货人应妥善保管电子领货密码或领货凭证，接到货物到达通知后，及时领取货物。**

2.收货人凭电子领货密码领取货物时，应同时出示身份证原件；委托他人领取货物时，收货人应登录铁路货运网上营业厅，正确填记被委托人姓名、身份证号码、手机号码等委托信息，被委托人凭电子领货密码和本人身份证原件领取货物。

收货人凭领货凭证领取货物时，应同时出示身份证原件；委托他人领取货物时应同时提供领货凭证、收货人身份证复印件、被委托人身份证原件和委托书。收货人为法人单位时，除提供经办人身份证原件外，还需提供加盖单位公章的委托书。

3.收货人应按规定支付相关费用。

4.收货人接收货物时，发现货物损失应立即向承运人提出。

5.**货物交付完毕，双方之间合同关系即为履行完毕；此后发生问题，承运人不承担责任。**

货物托运安全承诺书

根据《中华人民共和国铁路法》《铁路安全管理条例》，托运货物必须遵守国家关于禁止或者限制运输物品的规定：托运人托运货物，不得匿报、谎报物品名、性质、重量，不得在普通货物中夹带危险货物。

依据《铁路安全管理条例》第九十六条规定，托运人托运货物时，将危险货物谎报或者匿报为普通货物托运的，或在普通货物中夹带危险货物，由铁路监督管理机构依法处置。依据《中华人民共和国铁路法》第六十条规定，以非危险品品名托运危险品，导致发生重大事故的，依照刑法有关规定追究刑事责任。

本公司(本人)已阅知上述法律法规规定。承诺申报的货物运单和物品清单所填事项真实，与实际货物相符，没有匿报、错报货物品名。托运的货物没有危险货物，没有国家法律法规及铁路部门禁止托运或混装的货物。违背此承诺造成的一切法律责任及后果由本公司(本人)承担。

托运人(盖章/签字)：　　　年　月　日

图 2-21　货物运单背面

3）运单各联的用途（表2-7）

运单各联的用途 表2-7

序号	各 联 名 称	领收人	用 途	备 注
第1联	货物运单正本（发站存查联）	发站	发站留存的已生效的运输合同	相同的运单号
第2联	货物运单副本（收款人报告联）	发站	发站收款的已生效的运输合同（财务凭证）	
第3联	货物运单正本（托运人存查联）	托运人	托运人留存的已生效的运输合同	
第4联	货物运单副本（到站存查联）	到站	到站留存的已生效的运输合同	
第5联	货物运单副本（收货人存查联）	收货人	收货人留存的已生效的运输合同	
第6联	货物运单副本（领货凭证联）	收货人	收货人到站办理领货的凭证	
第7联	货物运单（需求联）	发站	记录客户提报需求，发站留存	无运单号

2. 制票

车站在货票系统中核对"已装车"的整车运单，录入承运人记事，计算运输费用，打印运单发站存查联、托运人存查联、收款人报告联、领货凭证联（客户需纸质领货凭证时），作为运输合同正本和副本。发站存查联、托运人存查联、纸质领货凭证背面应有托运人、收货人须知及货物托运安全承诺书。

"已制票"的运单，如发现计费错误等，不得修改，只能作废并重新计费后打印。遇故障需重新打印时，重新计费后打印。作废的运单，应将已打印的联次作废。

托运人应在发站存查联正面的托运人签章处及背面的"货物托运安全承诺书"处签章，车站在打印出的运单各联上加盖车站日期戳。发站留存发站存查联，托运人存查联和领货凭证交托运人，收款人报告联上报铁路局集团公司。

3. 物品清单

为了正确核收运输费用，以及发生丢失、损坏等损失时便于划清承运人与托运人之间的责任、及时正确地处理赔偿，遇到下列情况托运人应随货物运单提出物品清单（表2-8），物品清单只能单车补充。货物名称不超过3个时，在运单货物名称栏显示。

物 品 清 单 表 表2-8

物品清单 No. ××××××××××

发站_____ 需求号_____ 车号/箱号_____

序号	物品名称	包装	件数	重量（kg）	体积（m³）	价格（元）	备注
合计							

托运人签章_____

年 月 日

注：1.本清单一式二份，由托运人填写，内容必须真实、准确。发站将物品清单与实际货物核实后，打印两份，一份经托运人签字盖章后留存，一份交托运人。
　　2.托运物品不得夹带物品清单未列载的物品。
　　3.备注栏填记托运人需特殊说明的事项。

规格：210×297mm

37

以下情形不能在货物运单内填记的保价货物。

(1) 按一批托运的货物名称超过 1 个时;

(2)托运搬家货物时;

(3)货物名称为混装货物时;

(4)以概括名称托运或品名、规格、包装不同。

承运中有物品清单的,车站打印物品清单一式二份,一份由车站交托运人签章后与运单发站存查联合订留存,一份交托运人。

二、货物的押运

铁路货物运输途中,承运人应对所承运的货物进行照看与防护,以保证货物状态完整,有些货物的性质特殊,在运输过程中需要加以特殊防护和照料,因而需要派押运人押运。须派人押运的情况有下列几种:

(1)活动物(包括活鱼、蜜蜂、家畜等),需要派专门人员供应饮水和照料;

(2)需要浇水的鲜活植物,需要专门人员根据气温条件,定时、定量地浇水和照管;

(3)需要生火加温的货物,需要有人照看火炉,适时调节车内温度、湿度;

(4)挂运的机车和轨道起重机,这类货物需要专人在途中检查和看管零件、备品;

(5)有特殊规定应派押运人的货物,如军火、尖端保密物资、《铁路危险货物运输管理规则》规定需要押运的危险货物、外形尺寸比较复杂的超限货物。

押运人数,除特定者外,每一批货物不应超过 2 人。托运人要求增派押运人,或对上述货物以外的其他货物要求派押运人时,须承运人同意。

托运人派押运人押运货物时,托运人须在货物运单内注明押运人姓名和证明文件名称及文件号码,货物运单经发站审核后发给押运人。承运人对押运人核收乘车费。

押运人应乘坐所押运的货车,如该货车不适合乘坐,可乘坐列车长、站长指定的车辆。

单元3 整车货物的途中作业

在货物运输途中发生的各项货运作业,统称为途中作业。

货物的途中作业形式包括"货运检查、交接""特殊作业""异常情况的处理"。

"货运检查、交接"是在货物运输途中必须进行的正常作业。

"特殊作业"包括整车分卸货物在分卸站的分卸作业、活动物途中上水、托运人或收货人提出的货物运输变更和解除的处理等。

"异常情况的处理"是指货车运行有碍运输安全或货物完整时须做出的处理,如货车装载偏重、超载或货物装载移位时须进行的换装或整理,以及对运输阻碍的处理。

知识点7 货运检查

一、货运检查站

货运检查站是列车途经有技术作业或无技术作业但停车时间在 35min 以上的技术作业

站。铁路货运检查实行区段负责制,即在对货运列车交接检查中,按列车运行区段划分货运检查责任的制度。

货运检查站分为路网性货运检查站和区域性货运检查站。路网性货运检查站是国铁集团公布的编组站。路网性货运检查站包括:哈尔滨南站、沈阳西站、丰台西站、郑州北站、武汉北站、新丰镇站、济南西站、南京东站、阜阳北站、向塘西站、株洲北站、成都北站等。区域性货运检查站是指除了路网性货运检查站外,铁路局集团公司进行货运检查作业的技术作业站。区域性货检站包括:山海关站、南仓站、大同站、徐州北站、鹰潭站、江村站、柳州南站、贵阳南站、昆明东站等。区域性货运检查站由铁路局集团公司自定,报国铁集团备案、公布。

货运检查站应设有货运检查员岗位,负责货运检查的现场组织工作,并按照每列车双人双面检查作业的要求配齐货运检查员。货运检查站应有货运检查工作日志、收发文件电报登记簿、普通记录和施封锁的发放、使用和销号登记簿、换装整理登记簿、加固材料使用登记簿、交接班簿等报表和台账。

二、货运检查的内容

1. 检查篷布苫盖

对运输途中的货车,车站认为需要苫盖篷布时,必须经铁路局集团公司篷布调度批准。苫盖后,在货物运单、货运票据封套作相应修改,同时编制普通记录通知到站及有关单位。

运输途中发现未按规定使用篷布绳网时,发现站补苫后方可继续运输,相关费用向发站清算,并将漏苫和处理情况电告发站、发局(铁路局集团公司)并抄所在铁路局集团公司。

具体检查内容如下:

(1)篷布苫盖平坦,货物不外露,两端包角密贴,两侧线条流畅。各部位不超限。

(2)绳索拴结、捆绑位置正确,绳结牢固,无松弛脱落,捆绑在绳栓上的绳索呈蝶翅形结,绳头余尾长度 100～300mm。

(3)车辆两侧篷布下垂高度一致。

(4)篷布(包括篷布绳网)苫盖(图 2-22)完毕后,装车单位对车辆两侧(包括篷布号码)、两端篷布苫盖状态各拍照一张,留存 3 个月。

例题2-3　图 2-22 和图 2-23 为某站卸车前和卸车后所拍摄的照片,请指出存在的问题。

图 2-22　卸车前篷布苫盖

图 2-23　卸车后篷布苫盖

解:存在问题包括卸车后篷布苫盖不平坦,包角不标准,绳网网眼过大,篷布绳网系绳栓结在提钩杆上。这些问题分别违反了《篷布苫盖技术条件》关于"篷布苫盖平坦,货物不外露,两端包角密贴,两侧线条流畅,各部位不超限"的要求,篷布包角应"将篷布角绳拉紧,使篷布角向内侧展开成三角形,布角两面压平后折向货车端墙,在车辆两端严密包角,使压绳压住包角"的要求,《铁路货物装载加固规则》附件五及《篷布绳网技术条件》的有关规定,如"货车两端篷布中间的二根端绳分别垂直向下拉紧拴结在车辆端部的两绳拴上,经提钩杆时,也应从其内侧穿过""篷布绳网与货车的捆绑按照篷布与货车的捆绑要求办理"。

2. 检查装载加固

(1)货物是否倾斜、窜动、移位、坠落、倒塌和渗漏。

(2)货车是否超载、偏载。

(3)加固的材料和装置是否完好无损。

(4)货物超限装载和特定区段装载限界是否符合有关规定。

(5)加固用的绳索、铁线捆绑拴结是否符合规定。

3. 检查货车门、窗、盖、阀和集装箱

(1)货车门、窗、盖、阀是否关闭好。车门未关闭如图2-24所示,罐车上盖打开如图2-25所示。

图2-24 车门未关闭

图2-25 罐车上盖打开

(2)使用平车(含专用平车)装载集装箱时,集装箱箱门是否关闭好。

(3)使用专用平车装载时,集装箱是否落槽(图2-26);使用普通平车装载时,集装箱是否已按加固方案进行加固。

图2-26 集装箱未落槽

4. 检查施封及其他

(1)施封货车时应按《铁路货物运输管理规则》(简称《管规》)和有关规定进行检查。装车站按施封办理的货车,途中不得改按不施封办理。

(2)对无列检作业的车站,货运检查人员还应检查自动制动机的空重位置(图2-27),不符合要求时应进行调整。

（3）规定需要检查的其他项目。

（4）检查危险货物押运人押运情况。

三、货运检查程序

货运检查的基本程序为计划安排和准备、到达列车的预检、检查、整理。货运检查作业流程如图 2-28 所示。

图 2-27　检查制动装置

1. 计划安排和准备

车站调度员（值班员）应及时将班计划、阶段计划、变更计划下达给货运检查员。

图 2-28　货检作业流程图

车站调度员（值班员）或有关人员应在列车到达前或出发前将列车编组完毕，按接发列车作业标准，将到发车次、股道、时刻、编组等有关信息通知货运检查员。

货运检查员在接到作业任务后，应掌握到发列车车次、股道、时刻、编组内容及施封、重点车等相关信息。货运检查员在作业时，应携带作业工具（有视频监控的货运站除外）和作业手册。作业工具包括：手持机、钢卷尺、电工刀、断线钳、小撬棍、照明灯具、施封锁等。

2. 到达列车预检

在列车到达前5min，货运检查员应出场立岗，在列车到达、通过时，对列车进行目测预检。

3. 检查

(1)两侧货运检查员应从车列的一端同步逐车进行检查，对重点车进行记录。

(2)货运检查员对车列首尾的车辆，应涂打检查标记(图2-29)。

图2-29 货检员涂打检查标记

(3)车列检查、整理应在规定的技术作业时间内完成。

(4)车列检查、整理完毕后，货运检查员应及时报告。

(5)在实行区段负责制的区段，货运检查员发现的问题，应及时妥善处理。须拍发电报时，应于列车到达后120min内以电报通知上一货运检查站，必要时将电报抄送至有关单位和部门。须编制记录的，按规定编制记录。

(6)需要甩车整理的，货运值班员应通知车站调度员(值班员)甩车处理。

(7)发现施封锁有下列情况时，按无效施封处理：

①钢丝绳断开后再接，重新使用；

②钢丝绳可以任意一端自由拔出，锁芯可以从锁套中拔出；

③锁套上无站名、号码，站名或号码不清、被破坏。

4. 整理

货车整理分为摘车整理和在列整理。

货车整理作业应在规定的技术作业时间内完成，货运检查员在列整理完毕后及时向车站调度员报告，未接到整理作业完毕的报告，不准动车。

1)在列整理

在列整理指对发生装载加固、篷布苫盖、门窗盖阀等问题但不需要摘车处理时，应在设置好防护后，由货运检查员和整理工共同对车列内须整理的货车进行整理。

在列整理时，货运检查员应按有关规定进行作业，确保人身安全。预计整理时间超过技术作业时间时，货运检查员应及时向车站值班员报告。

2)摘车整理

摘车整理指对危及行车安全，又不能在列整理的车辆，货运检查员应报告车站值班员，进行摘车整理。摘车整理时，应做好防护工作，不允许在挂有接触网的线路内(设有隔离开关的线路除外)整理车辆。

下列情况发生时，应摘车整理：

(1)货物装载加固：货车发生超载、偏载、偏重及倾斜超过规定限度；货物窜动超过规定限度；超长、笨重、超限货物加固不良或移位，超出货车端部的货物有坠落现象以及货物撒漏无法在列整理。

（2）加固材料、装置：支柱折断，加固装置损坏，严重移位，加固线断裂无法在列整理。

（3）车体、箱体：棚车车体，集装箱箱体损坏严重，货物明显被盗、丢失，罐车罐体损坏等。

例题2-4　找出图2-30中的违章之处。

解：①钢丝绳的栓结位置错误，未按规定栓结在丁字铁上。②木制三角挡未使用扒锔钉与车底板钉牢。

图 2-30　例 2-4 示意图

四、换装和途中扣车整理、票车不符

1. 换装

进行换装时，应选用与原车类型和标记载重相同的货车，对因换装整理卸下的部分货物，应及时补送。换装整理的时间不应超过 2 日，如 2 日内未整理完毕，应由换装站以电报通知到站，以便收货人查询。

处理站在货检系统、货运站系统编制普通记录，系统中车辆状态变为"待整理换装"。处理站换装后，整车货物在货运站系统进行换装操作，一车货物换装多车时，填记换装后的车号、封号、分车记明货物重量，系统自动修改运单作业信息生成普通记录，车辆状态变为"已换装"。

换装责任属于铁路时，换装整理的费用由铁路内部清算；属于托运人责任的，应由到站向收货人核收。

2. 扣车整理

货运检查发现问题时，应及时处理。在装车站或在其他站进行的扣车整理有所不同，扣车整理的作业内容包括由交方编制记录、补封、处理后继续运输、车站换装或整理、苫盖篷布、拍发电报等。

在运输中，进行过摘车整理的货车，不能原列继续运行的，或因车辆技术状态不良，经车辆部门扣留需要换车时，应进行换装整理。

处理站在货检系统、货运站系统编制普通记录，系统中车辆状态变为"待整理换装"。

整列一票运输的货物发生扣车时，处理站按规定在货运站系统、货检系统、现车系统编制普通记录，对应运单的作业信息按实际车辆情况进行修改。

3. 票车不符

1）空车有票

空车有重车票据信息，发现站扣车后在铁路货运票据综合应用管理系统录入空车有票信息，编制普通记录，联系票据记载到站、发站进行核对。

经到站确认为已卸空车，到站在货运站系统或集装箱系统做卸车补录操作，电子票据信息车号置空，发现站在现车系统重新取票并确认后按空车组织挂运。

到站确认货物未到时，联系票据记载发站进行核对。经发站确认为空车的，联系信息部门查明原因后处理。

经发站确认为漏装的，调配空车，进行漏装货物补装作业，并在铁路货运票据综合应用管理系统编制普通记录，修改票据车号信息，解绑置空有票的空车。发现站在现车系统重新取票并按空车组织挂运。发站在现车系统取票并确认后，票据捆绑到新车号上。

确认为错装的,发站应追查运单记载的货物实际位置,通知重车所在车站扣车,并根据重车所在车站反馈的信息,在铁路货运票据综合应用管理系统编制普通记录,修改运单车号信息,解绑置空有票的空车。发现站在现车系统重新取票并确认后按空车组织挂运。重车所在站在现车系统重新取票并组织错装车辆挂运。

2) 重车无票

发现重车无票据信息时,发现站扣车调查,并在铁路货运票据综合应用管理系统编制普通记录。确认为重车空排的,发现站在保价系统编制货运记录回送;确认为发站错装的,联系发站处理。

✒ 例题2-5 延吉站4月24日承运到昆明东站大米3批,件数分别为200件、200件、270件,每件包装标记重量100kg,保价金额分别为4万元、4万元、5.4万元,当日装车车号C62A4432479,苫盖铁路货车篷布3块并挂运。4月27日运行至沈阳西站,列检人员发现车辆一侧旁承游间距离为0,出具"车辆检修通知单"(车统23)扣车就地处理。沈阳西站5月1日换装至C4528271,同时卸下70件货物后苫盖原车篷布继运。该车于5月11日到达昆明东站,昆明东站卸前货检车体良好,篷布捆绑绳索无异,车顶站两块篷布各破口一处分别为1200mm×800mm和1450mm×1100mm,破口处货物明显有凹痕,卸见货物合计实有580件,其中160件有不同程度湿损,当日编制第48322号货记送沈阳西站调查。沈阳西站接到调查记录后以"货物被盗,货运记录内有会同公安字样,但漏填公安人员姓名"为由将调查卷退还昆明东站,昆明东站在原调查记录上补填公安姓名后再送沈阳西站,沈阳西站将该卷转延吉站。收货人向昆明东站提赔34000元,其中丢失的9件货物价值18000元,湿损货物经有关部门确认后,按每件100元处理,即价值16000元。问:

(1) 沈阳西站换装时应如何处理?

(2) 超载部分至少应卸下多少件?

(3) 换装费由谁承担?

解:(1)沈阳西站换装时应当做到:

① 扣车到换装超过2日,应以电报通知到站,并抄送发站、发送分局、主管分局和路局,同时要求发站转告托运人对已卸下的70件货物提出处理办法;

② 编制普通记录,抄件送发站;

③ 对卸下的货物编制货运记录按零散货物继运到站。

(2) 超重部分至少应卸下38件。这是因为C62A4432479车为C62A型车,依章允许增载2%和2t,即可载重63.2t,而货物为67t,故至少应卸下3.8件(3.8t)。

(3) 该批货物包装标重明显,发站检查不当,应属发站责任的换装,该换装费应由发站负责。

知识点8 货运交接

一、列车交接

途中站遇列车编组顺序表中车辆信息与电子票据信息内容不一致时,应现场确认现车车号,以现车车号的电子票据信息为准;发现空车有票、重车无票,或票、货信息不符时按票车不符等流程处理。

列车货物检查、交接的内容和发现问题的处理方法,按表 2-9 中的规定办理。

列车货物检查、交接的内容和发现问题时的处理方法　　　　　　　表 2-9

序号	检查内容	发现的问题	处 理 方 法
1	运输票据或封套	(1)有票无货(车)或有货(车)无票	编制记录并拍发电报
		(2)货物运单或封套上记载的车号、到站与编组顺序表不符	
		(3)货物运单或封套上记载的车号、到站有涂改,未加盖所属单位的经办人名章时	
		(4)货物运单或封套上记载的车号与现车不符	编制记录并拍发电报,查明情况后继运
		(5)货物运单或封套上封印站名或号码被划掉、涂改,未按规定盖章	编制记录并拍发电报证明现状后继运。货车上无封印时,由发现站确定是否补封
		(6)货物运单或封套以及编组顺序表上记有铁路篷布,现车未盖有铁路篷布。现车盖有铁路篷布,货物运单或封套以及编组顺序表未记载,或记载张数与实际不符	编制记录并拍发电报
2	货车的施封	(1)封印失效、丢失、断开或不破坏封印即能开启车门	拍发电报并补封。是否清点货件由发现站确定
		(2)运输票据或封套上记载的封印站名或号码与现封不一致或被涂改	核对站名,拍发电报。到站检查、核对站名、号码
		(3)货车已施封,但未在运输票据或封套上记明封印号码、编组顺序表无"F"字样	编制记录证明现状后继运
		(4)未使用施封锁施封(罐车和朝鲜进口货车除外)	拍发电报并补施封锁
		(5)在同一车门上使用 2 个以上封串联施封	拍发电报并补封,如因车门技术状态不良无法补封,以交方责任继运
		(6)在货车两侧或车门上部门扣施封	按现状拍发电报
		(7)施封货车的上部门扣未用铁线拧固(车门构造只有 1 个门扣或上部门扣损坏的除外)	由发现站拧固
3	装有货物的货车	(1)车门窗未按规定关闭(损坏的车窗已用木板、铁箱、木箱封固的除外)	由发现站关闭并拍发电报
		(2)货物损坏、被盗	拍发电报、编制记录并进行处理
		(3)棚车车体、平车及集装箱专用平车装运的集装箱箱体的可见部位损坏或集装箱箱门开启	拍发电报,并由车站关好
		(4)易燃货物未按规定苫盖篷布或未采取规定的防护措施	拍发电报,编制记录补苫篷布并采取防护措施
		(5)篷布(包括自备篷布)苫盖捆绑不牢、易被刮掉或被割,危及运输安全	及时进行整理。丢失或补苫篷布时由发现站拍发电报并编制记录

续上表

序号	检查内容	发现的问题	处 理 方 法
3	装有货物的货车	(6)货物装载有异状或超过货车装载限界;支柱、铁线、绳索被折断或松动;货物有坠落可能;车门插销不严,危及运输安全;底开门车用一个扣铁关闭底开门(如所装货物能搭在底板横梁上,且另一个搭扣处用铁线捆牢者除外)	由发现站按规定换装或整理并拍发电报
		(7)超限货物无调度命令	取得调度命令后继运
4	货车使用和通行限制	(1)货车违反运行区段的通行限制	拍发电报,并由车站换装适当货车
		(2)装载金属块、长度不足2.5m的短木材或空铁桶使用的车种违反《铁路货物装载加固规则》(简称《加规》)货车使用限制表的规定	拍发电报,并由车站换装适当货车

二、交接检查的规定

罐车的封印、苫盖货物的篷布顶部、敞车装载的不超出端侧板货物的装载状态,在途中没有交接检查,如接车方发现异状,由发站拍发电报。如果发现重罐车开启,车站负责关好,并由交方编制普通记录。在发站和中途站发现空罐车上盖张开,要将上盖及时关闭。

整车货物变更到站时,处理站应对该车的装载加固情况进行检查,对施封货车应检查施封是否完好,站名、号码是否与票据相符。

货物运单和封套上的到站、车号、封印号码各栏,不得任意涂改。货物在运输途中,由于货物本身、车辆技术状态或自然灾害等原因,发生货车滞留,若站滞留时间达到48h,应拍发电报,通知发到站,必要时要抄送有关铁路局集团公司。

货物列车无改编作业时,货运检查站根据列车编组顺序表的有关记载,检查施封是否有效,不核对站名、号码。

货物列车有改编作业时,货运检查站对货车的施封状态,只核对站名,不核对号码。

例题2-4 南平站发苏州西站一车袋装小木块1300件,每件标重50kg,货票号码33058,托运人自装,运单记载重量为60t,使用C60型敞车装运。该车途经责任货检金华站,商务检查该车装载超限,车辆一侧承游间压死,超出端侧板货件的袋口朝向外侧,金华站按章应如何处理?

解:(1)于我车到达120min内以电报通知上一检查站。

(2)在2日内对该车进行整理。

(3)C60型敞车标记载重量为60t,加上由于货物包装可以多装货车标重的2%,其最大容许装载重量是61.2t,该车实际装了65t,超载3.8t,应将超载货件卸下。

(4)原车整理,将超出端侧板货件压缝,袋口朝向内侧,捆扎牢固并使该车装载高度和宽度不超过机车车辆限界。

(5)卸下的超载部分货件和超出限界部分的货件,编制货运记录,凭记录按零散运输继运到站并电告发站,及发送、到达分局收入检查室。

(6)填制垫款通知书,随同运输票据送到站。到站向收货人补收运杂费、违约金和整理费。

知识点 9　异常情况处理

一、取消托运和货物运输变更

托运人由于特殊原因,对其承运的货物提出取消托运或变更到站、收货人要求时,应在车站通过货票系统办理相关手续,如填写货物运输变更要求书(见表2-10)。

1. 取消托运

承运后发送前,托运人可向发站提出取消托运,经承运人同意,货物运输合同即告解除。

对托运人提出的取消托运需求,货场装车时,发站确认货车在本站,通知行车人员后,方可受理;专用线装车时,路企交接前可受理,路企交接后不受理。受理时应审核并收回运单托运人存查联、领货凭证;办理电子领货的托运,验证领货密码,打印领货凭证。

对已受理的取消托运需求,发站货运人员通知行车人员将货车调回货场,并在货票系统完成取消托运操作。核收相关费用后,运单需求单按"已装车"状态回退到货运站系统,在货运站系统进行取消装车操作。

2. 货物运输变更

托运人在货物托运后,由于特殊原因需要变更的,经承运人同意,托运人在电商系统提出变更要求,由途中站进行受理变更。

整车货物变更到站时,处理站应对该车的装载加固情况进行检查,对施封货车应检查施封是否完好,站名、号码是否与票据相符。

途中站或到站仅受理托运人提出的货物运输变更需求。变更处理站应审核运单托运人存查联、领货凭证、货物运输变更要求书;电子领货的托运,验证领货密码,打印领货凭证。

遇特殊情况须变更卸车站时必须遵守的规定:

(1)必须由托运人提出书面申请;

(2)必须和原到站在同一径路上;

(3)因自然灾害影响变更卸车地点时,应及时通知收货人;

(4)铁路局集团公司管内变更卸车站,处理站应报铁路局集团公司同意后方可受理;

(5)跨铁路局集团公司变更卸车站,原则上不办理,确须变更时以国铁集团调度命令批准。

变更到站时,处理站应报铁路局集团公司同意后方可受理,在货票系统中录入货物运输变更要求书,运单状态变为"变更完成",并在纸质运单托运人存查联、领货凭证上修改相关信息,加盖车站日期戳或带有站名的人名章后交托运人。

铁路不办理货物运输合同变更的情况,包括:

(1)违反国家法律、行政法规、物资流向、运输限制和密封的变更;

(2)变更后货物运到期限大于容许运输期限的变更;

(3)变更一批货物中的一部分;

(4)二次变更到站。

货物运输变更要求书

表 2-10

年　月　日

变更要求人　　　　　印章　　　　　经办人身份信息　　　　　经办人

变更事项					
客户填记	原货物运单记载事项	新到站	新收货人	收货人	办理种别
		运单号码	到站	托运人	承运日期
		车种车号	货物名称	件数	重量
		变更原因			
		原到站	原收货人		
		新到站	新收货人		
承运人填记	记载事项	未受理原因		变更处理站	经办人

注：1. 变更处理站应按顺号登记，对填报内容进行审核。
2. 变更时，可以变更的填记"新到站""新收货人"，不能办理变更的填记"未受理原因"。

二、运输阻碍的处理

1. 运输阻碍

因不可抗力导致行车中断的现象,称为运输阻碍。不可抗力是指不能预见、不能避免并不能克服的客观情况。

2. 运输阻碍的处理

铁路货物运输发生运输阻碍时的处理方法包括以下三点。

(1)铁路局集团公司对已承运的货物,可指示绕路运输。

(2)在必要时,先将货物卸下,妥善保管,待恢复运输时再装车继运,所须装卸费用由装卸作业的铁路局集团公司承担。

(3)因货物性质比较特殊(如动物死亡、易腐货物腐烂、危险货物发生燃烧、爆炸等),绕路运输或卸下再装造成货物损失时,车站应联系托运人或收货人在要求的时间内提出处理办法。超过要求时间未接到答复或因等候答复造成货物损失时,参照无法交付货物时的相关办法进行处理,通知托运人领取剩余价款(缴纳装卸、保管、运输、清扫、洗刷除污费后)。

单元4　整车货物到达作业

货物在到站进行的各种货运作业,称为到达作业。货物经过到达作业后,货物运输技术作业过程结束,运输合同即告终止。

知识点10　到达作业程序

整车货物到达作业程序如图2-31所示。

图2-31　整车货物到达作业程序

知识点11 卸 车 作 业

一、重车到达

重车到达后,车站应派人接收。车站收到列车确报(列车编组顺序表),依据列车确报核对现车。

二、卸车作业

卸车是到站工作组织的关键,是整个运输过程的重要环节之一。正确、及时地组织卸车作业,能够缩短货车周转时间,提高货车使用率,保证排空任务和装车的空车来源。

车站必须认真贯彻"一卸、二排、三装"的运输组织原则,认真做好卸车工作。

1. 卸车前的检查工作

为使卸车作业顺利进行,防止误卸并确认货物在运输过程中的完整状态,便于责任的划分,卸车货运员应在卸车前做好以下检查工作。

1)检查货位

检查货运站系统中显示的货位能否容纳待卸的货物;货位的清洁状态;相邻货位上的货物与卸下货物性质上有无抵触。

2)检查运输票据

检查电子运单上填写的到站与货物实际到站是否一致,了解待卸货物的情况。

3)检查现车

检查车辆状态是否良好,货物装载状态有无异状,施封状态、铁路篷布质量是否良好,现车与电子运单信息是否相符。

2. 监卸工作及卸车作业

卸车作业开始前,监装卸货运员应向卸车工组详细传达卸车要求和注意事项。卸车时,监装卸货运员应对施封的货车亲自拆封,并会同卸车货运员一起开启车门或取下苫盖篷布,要逐批核对货物、清点件数,合理使用货位,按货物堆码标准进行码放。

1)铁路货运场站卸车

在铁路货运场站卸车时,车站接收现车系统的到达重车信息,调取运单信息,在货运站系统指定股道货位,接车对位后组织卸车。卸车时发现货物损失或与运单信息不符时,应在货运站系统后三检中编制货物损失报告并打印。

2)专用线卸车

在专用线卸车时,车站接收现车系统的到达重车信息,在货运站系统指定专用线股道并向现车系统推送需求,路企交接后,企业运输员组织卸车,并通过系统补充卸车信息。专用线货运员在货运站系统填记货车调到、卸车开始、卸车结束、调回时间以及货车状态、货车篷布等内容,打印货车调送单。专用线卸车完毕,路企交接后,电子运单状态变为"已卸车"。

3)区间卸车

区间卸车时,车站在现车系统其他记事栏内标记"区间卸车",现车系统将标志信息反馈至货运站系统,运单记载的到站货运人员根据车务人员提供的车号、出站、到站等信息,在货运站系统中及时进行卸车操作。货物卸车后堆码如图2-32所示。

图2-32 货物卸车后堆码

3.卸车后的检查工作

1)检查运输票据

2)检查货物

检查货物件数与电子运单中记载的件数是否一致,货物堆码是否符合要求,卸后货物安全距离是否符合规定。

3)检查卸后空车

检查车内货物是否卸净,车内是否清扫干净;车门、窗、端侧板是否关闭严密;货车表示牌是否已被撤除。

4.货车的清扫、洗刷、除污和铁路篷布处理

货车卸空后,负责卸车的单位应将货车清扫干净,关闭好车门、窗、端侧板、盖、阀。

下列货物除清扫干净外,铁路部门还要负责洗刷、除污,并向收货人核收费用。

(1)装运过活动物、鲜鱼的车辆,以及受易腐货物污染的冷藏车。

(2)《铁路危险货物运输管理规则》规定必须洗刷除污的货车。如装过剧毒品的货车、受到危险货物污染的货车、有刺激性异臭味的货车。

(3)装过污秽品的货车也必须进行洗刷除污。

若收货人有洗刷消毒设备,也可由收货人自行洗刷、消毒。

收货人组织卸车的货车,未进行清扫或清扫不干净时,车站部门应通知收货人补扫。如收货人未补扫或未清扫干净,车站应组织人员代为补扫,并向收货人核收货车清扫费和延期使用费。

卸车后,将铁路篷布送到车站指定地点。车站检查发现铁路篷布破损、缺少篷布绳时,应填制"货车篷布交接单",按《铁路篷布损坏丢失处理办法》办理。

三、货物到达通知与暂存

货物到达后,承运人应及时向收货人发出领货通知。发出领货通知后,承运人在车站公共装卸场所内组织卸车。到站应在不迟于卸车完毕时间的次日内,向收货人发出领货通知或收货通知。

承运人在车站公共装卸场所内组织卸车时,收货人应于承运人发出领货通知或送货通知的次日(不能及时收到领货通知及送货通知或会同收货人卸车的货物为卸车的次日)起算,两日内将货物搬出或接收货物。超过上述期间未将货物搬出或接收货物,对收货人按超出的时间核收仓储费。根据各地具体情况,铁路局集团公司可以缩短货物免费仓储期限一日,也可以提高仓储费费率,但提高部分最高不得超过规定费率的1倍;也可以适当延长货物免费仓储时间。

知识点 12 交 付 工 作

交付工作包括内交付和外交付两部分。内交付即票据交付,外交付即货物交付。

一、内交付

收货人凭纸质领货凭证领货,收货人为个人时,还需提供收货人身份证;收货人为单位时,还需提供委托书和经办人身份证。车站在货票系统中调取运单信息,核实领货凭证、领货人身份等,采集收货人(经办人)身份证及头像影像资料,办理内交付手续。委托他人领取货物时应同时核实领货凭证、收货人身份证复印件、被委托人身份证原件和委托书。纸质领货凭证丢失时,可凭有经济担保能力的企业出具的担保书办理内交付手续。

收货人凭领货密码领货的,车站在货票系统中验证领货验证码,核实收货人身份信息,采集经办人身份证及头像影像资料,办理内交付手续。委托他人领取货物时,查验收货人在电商系统录入的被委托人姓名、身份证号码、手机号码等委托信息及领货密码,办理内交付手续。

专用线可凭企业出具的委托领货手续,办理交付。

车站在货票系统中补充确认到达车辆及卸车相关信息,核收相关费用后,打印运单到站存查联、收货人存查联加盖车站日期戳。运单收货人存查联交收货人,运单到站存查联由收货人签章后留存。纸质领货凭证与运单到站存查联、变更要求书、普通记录等合订留存。整列一票货物到站交付时,打印货物运单到站存查联、收货人存查联,办理交付手续。如实际到达车数与货物运单记载车数不符,到站打印所扣车辆的普通记录,先按照货物运单收取相应费用办理整列交付,再重新打印领货凭证,在承运人记事栏内记明未到达车辆的车号,加盖车站日期戳交收货人,待剩余车辆到达后,通知收货人凭记载未到达车辆车号的领货凭证办理交付,相关费用多退少补。

二、外交付

货运场站卸车,车站在货运站系统对"已内交付"的运单进行外交付操作,凭加盖车站日期戳的运单收货人存查联点交货物,并加盖"货物交讫"戳记。分批领取货物时,应在运单收货人存查联上逐批记载领取货物的品名、件数、重量、时间等信息,全批点交完毕后,加盖"货物交讫"戳记。货物凭运单收货人存查联出站。

货物交付完毕后,如收货人不能在当日将货物全批搬出车站,对其剩余部分,按重量和件数承运的货物,可按件点交车站负责仓储。只按重量承运的货物,可向车站声明,由车站负责仓储。

铁路货物运输合同的履行时间从承运开始至货物交付完毕时止。交付工作完毕意味着运输合同就此终止。

三、货物搬出与送达

1. 货物搬出

收货人持已加盖"货物交讫"戳记的运单收货人存查联将货物搬出货场,货运场站门卫凭客户的运单收货人存查联记载的信息对货物进行确认后放行。

2. 货物送达

铁路局集团公司要提高接取送达服务能力,可整合、运用社会物流资源,与社会物流企业联合,做好接取送达服务工作。对门到门、站到门货物,按客户要求的送货地点和要求送达货物。

客户在发站提出站到门需求,货物到站后,接取送达系统接收货票系统、电商系统或零散快运系统推送的物流需求信息,铁路局集团公司组织物流企业与到站办理货物交接,组织配送。

交接货物时,若收货人凭纸质凭证领货,配送人员携带运费杂费收据、收货人存查联、运单到站存查联和收货人存查联,核验收货人身份,收回领货凭证(零散快运不收领货凭证);若收货人凭电子凭证领货,配送人员携带运费杂费收据、收货人存查联、运单到站存查联和收货人存查联,通过手持设备验证领货密码,核验收货人身份。收货人在运单到站存查联上签章后,配送人员将收货人存查联交收货人,与收货人办理货物交接。

客户在到站提出需求,车站办理交付手续,在货票系统核收相关费用,接取送达系统接收货票系统推送的物流需求信息,铁路局集团公司组织物流企业与到站办理货物交接,组织配送,与收货人办理货物交接。

拓展知识　零散货物快运作业程序

零散货物快运,具有运量小、品种繁多、货物性质复杂、包装条件不一的特点,组织工作比较复杂。

一、托运与受理

零散货物快运点对点和中心站跨局运输由车站提报日需求或增加使用车。对于零散快运货物,车站受理接收货物时,在零散货物快运平台填制电子货物运单。

零散货物快运需求由铁路客服人员统一受理,受理渠道包括:95306 客服电话、95306 网站和95306 微信"我要发货"、车站受理服务电话、车站营业厅及上门服务等。

(1)客户拨打95306 客服电话或快运车站受理服务电话时,客服人员应即时接听电话。客户通过95306 微信"我要发货"提出需求时,客服人员应登录货运电子商务平台,确定客户提出的是零散货物快运需求后,及时与客户联系,补充录入需求信息,提出报价,由客服人员生成内部生产单据并进行确认、分单。

(2)客户直接送货到快运车站时,车站客服人员应即时受理。对于无法确定受理的需求,应及时上报至铁路局集团公司货运客服部门并由其处理。

(3)对零散货物快运上门服务需求,客服人员应提前联系客户,确定上门时间等事宜,由客户代表上门受理。

受理货物或上门取货时,应认真核对货物品名、性质、重量、数量、规格尺寸、到站(到达地点)和特殊运输需求等信息,确认运输和包装防护条件符合安全要求,协助客户办理托运手续,并对货物进行安全检查。

货物安全检查分为现场检查和授信检查,谁安检、谁签字、谁负责,采用人工或人/机结合的方式,每批货物只安检一次。

现场检查分为全检、抽检。原则上全检适用于二次包装(非原包装)、性质不易识别、外观不易直接目测检查的货物;抽检适用于同品名、同规格、生产厂家原包装或简易包装的货物。现场检查应由托运人自行打开箱(包)。托运人拒绝检查或在检查中发现可疑物品时,不得办理货物运输。

授信检查是指货运中心、车务站段授权大客户对同品名、同规格、生产厂家原包装、简易包装、无包装货物进行安全检查,授权双方要签订安全协议,授信检查的货物可直接组织装车。铁路局集团公司应制订授信检查管理办法;货运中心、车务站段应将具备授信检查资格的托运人及货物名录在所辖办理站、作业站公布,并报铁路局集团公司备案。

货物经过安全检查符合办理条件后,安检人员应在有关单据上签字或加盖带有站名的车站负责人名章。

对安全检查合格的货物,根据货物重量、规格尺寸、到站(到达地点)和特殊运输需求等信息,核算制票,粘贴(订固或拴固)零散货物快运货签,托运人在货票上签字(盖章),承运人在货票上加盖车站日期戳。

按日提出整车运输需求,可逐车或多车成批补充件数、重量、包装、体积、货物价格、增值税信息、领货方式、付费方式、服务方式、记载事项等相关信息。开通电子领货服务后,客户选择电子领货时,须录入领货信息(收货人姓名、经办人姓名、身份证号、手机号码、领货密码等)。凭证明文件运输的货物,须提供证明文件原件。按一批托运的货物名称超过1个或货物名称为"混装货物"时,还须在电商系统填记物品清单,物品清单只能单车补充。货物名称不超过3个时,在运单货物名称栏显示。符合批量快运的货物,可选择按"批量快运"或"整车"方式运输。批量快运不能成组运输。

二、进货

零散快运货物进货,办理站和作业站直接受理货物时,对照运单需求联核对货物品名、包装、件数等,确定货物重量、体积。

车站上门受理时,受理人员持运单需求联与作业站办理货物交接。

办理站凭打印的运单发站存查联与作业站办理货物交接。

三、承运与装卸车作业

1. 办理承运

车站从零散货物快运平台调取电子运单需求联计费制票,打印运单发站存查联、托运人存查联、收款人报告联、到站存查联,并加盖车站日期戳。托运人在发站存查联正反面(反面在安全承诺书处)签章。车站留存发站存查联,托运人存查联交托运人,收款人报告联上报铁路局集团公司,到站存查联随车传递至到站。托运人凭运单的托运人存查联换开增值税发票,车站在税控系统中调取票据信息,核对一致后,通过税控系统开具增值税发票,并在运单托运人存查联上加盖"已开具发票"戳记,经托运人签字确认已领取发票后,将托运人存查联退还托运人。可以在货票系统中通过运单号查询开票状态和增值税发票号码,进行后续稽核。

2. 装车计划编制

装车计划应根据集货入库后的运单信息进行编制,对于使用小型集装箱装运的货物,应在编制装车计划前完成箱货匹配。点对点、跨局运输的零散货物快运,日需求下达后在零散快运平台编制并执行装车计划,生成装载清单。

3. 装车

1)环线装车

作业站与货运列车长根据装载清单办理货物交接,组织装车,双方在装载清单上签章,在零散快运平台录入相关信息。

2)点对点及中心站跨局装车

车站在货运站系统根据接收的装载清单制订装车计划,组织装车,根据货车装载清单核对运单、货物,在装车后三检,录入施封号等信息,根据实际装载情况只可删除未装车的装载清单信息。货车装载清单状态变为"已装车"。

货物包装应符合国家包装要求,对易倒塌、怕污损、自带包装薄弱的货物应使用伸缩膜缠绕或紧固带等加固;对食品、贵重物品等货物必要时应采取车内衬垫、隔离防护等措施。

4. 卸车作业

1)环线卸车

作业站负责人与货运列车长根据货车装载清单组织卸车,办理货物交接,双方在货车装载清单上签章,在零散快运平台录入相关信息。

2)中心站和点对点卸车

车站在货运站系统操作卸车,卸车完毕后,货车装载清单、电子运单状态变为"已卸车"。在零散快运货物平台调取"已卸车"车号,对运单信息进行卸车入库确认。

管内环线列车装卸作业,在到发量较小的作业站,原则上以随车人员为主承担;到发量较大的作业站,原则上以车站人员为主承担装卸作业,并配备装卸人员、机具。具体分工由铁路局集团公司统一执行。

作业站负责货物在站内的码放、保管、搬运;列车装卸车作业由货运列车长统一指挥,货物在车内的码放由随车人员负责。

装卸货物应轻拿轻放、大不压小、重不压轻、长不压短、码放稳固、标签向外,符合包装指示标志要求。装车时,应将货物均衡装载在车辆地板上,货物与车门之间的距离不得小于100mm,不超载、不偏载、不偏重、不集重,易滚动、窜动、倒塌的货物不得装在车门处或车内上层,并采取可靠的防滚动、防窜动、防倒塌措施。

四、货物交付

零散货物到达后,到站应按客户的需求和约定,及时发出领货通知或送货通知。

零散货物在交付时,除既有规定外,还可凭领货凭证的传真件、打印件和收货人身份证(收货人为单位时,凭单位证明和经办人身份证)与签字进行交付,但托运人应事先在电子运单记事栏内注明。

客户取货时,快运车站作业人员同步应用手持设备扫描货签条形码进行交付确认;手持设备发生故障时,作业人员应在货物交付后的15min内,凭货票到站存查联在快运平台进行交付确认操作,交付确认后,在货票到站存查联上签字或盖章。

送货上门时,快运车站作业人员在车站与送货人员进行货物交接,同步应用手持设备扫描货签条形码进行交接确认;手持设备发生故障时,作业人员应在货物交接后的15min内,凭货票到站存查联在快运平台进行交接确认操作,在货票到站存查联签字或盖章。

发生货损、货差或票据丢失等情况时,由到局中心站或到达作业站编制记录,并于列车到达后的60min内向发到局中心站或发站拍发电报,抄送发到局。

零散货物快运不办理变更到站。

模块小结

货物运单作为铁路货物运输合同的重要组成部分,贯穿整个货物运输过程。通过本模块的学习,掌握整车货物发送、途中、到达作业的内容。

◁复习思考题▷

1. 如何托运货物?
2. 简述整车货物发送作业程序。
3. 简述装车前、后"三检"的内容。
4. 货物的途中作业主要有哪些?
5. 简述整车货物到达作业程序。
6. 简述卸车前、后"三检"的内容。
7. 简述货运检查的基本程序。

模块 2 实训工单

班级：_____ 姓名：_____ 学号：_____ 时间：_____

一、训练目标

1.专业能力目标：

(1)能说出铁路整车货物运输过程；

(2)能填写货物电子运单。

2.方法能力目标：

能综合运用铁路普通货物运输专业知识，通过利用铁路普通货物运输专业书籍、课件和相关规章资料获得帮助信息。

3.社会能力目标：

(1)保持积极向上的学习态度；

(2)能与小组成员和教师就学习中的问题进行交流和沟通；

(3)能与他人共享学习资源的，具有较好合作能力和团队协作精神。

二、知识总结

(1)铁路整车货物运输过程。

(2)货物电子运单填写要求。

三、实训内容

根据以下案例，分组进行练习，演练整车货物装车和卸车作业过程。

(1)整车货物装车作业演练。

案例：武汉市贸易有限公司于 2013 年 3 月 1 日在舵落口站托运卷钢一批，总重 60t，6 件。使用标重 61t 的 C_{64} 型车装载（车号 4942244，需求号 201303HY6666660001）。当日由承运人装车完毕。货票号码：13N03053045，保价金额 20 万元。挂入 86186 次列车发往柳州北站。收货单位：广西柳州钢铁储运贸易总公司 776 号库。

学 生 分 组 表

学生	学生 A	学生 B	学生 C	学生 D	学生 E	学生 F
岗位						

（2）整车货物卸车作业演练。

案例：汉阳站 2015 年 8 月 4 日 8:50,840153 次列车到达槽钢一车,车号:$C_{64}4943254$,需求号:201508HY6666660002,发站石为景山南站,发货人为北京市贸易有限公司。收货人武汉市贸易有限公司。车站当日10:50分解体、送车后,由承运人于13:10分卸车完毕。通知收货人前来领取。收货人于8月5日到汉阳站领取该批货物。

学 生 分 组 表

学生	学生 A	学生 B	学生 C	学生 D	学生 E	学生 F
岗位						

（3）哈尔滨市汽车配件储运公司于某年3月20日在哈尔滨东站承运到新乡站汽车维修厂一车配件,木箱包装,保价50万元,用 $P_{64}3464568$（标重58t）装运,施封锁两枚（059207、059208）。请填写货物电子运单托运人和承运人填写部分（运价里程 1289km）。题中未给条件自拟。

四、实训小结

_____

_____

五、成绩评定

评价等级	表达能力	沟通能力	团队合作能力	实操能力	知识掌握能力
评价结果					

指导老师评语：

学习者签字：　　　　　　　　　　　　　　　　日期：　年　　月　　日
指导教师签字：　　　　　　　　　　　　　　　日期：　年　　月　　日

模块 3

铁路货物运输价格

模块描述

铁路在完成货物运送的过程中,需要相关人员能根据合同正确计算货物运输过程中涉及的各项费用,以及当货物发生运输变更等特殊情况时正确收取运输费用。

教学目标

1. 知识目标
(1)掌握铁路货物运输费用的计算方法。
(2)掌握铁路整车货物在各种条件下运费的计算。
(3)掌握货物运输其他费用的计算方法。
2. 能力目标
(1)能正确计算各种运输条件下货物运输费用,达到货运核算员技能要求。
(2)正确计算货物运输的其他费用。
建议课时:20 课时。

单元 1 货物运费计算

知识点 1 货物运费概念和分类

一、铁路货物运费的概念

铁路货物运输费用是对铁路运输企业所提供的各项生产服务消耗的补偿,包括车站费用、运行费用、服务费用和额外占用铁路设备的费用等。

铁路货物运输费用由铁路运输企业使用运费杂费收据核收。

国铁营业线的货物运输,除军事运输(后付)、水陆联运、国际铁路联运过境运输及其他铁路总公司另有规定的货物运输费用外,均按《铁路货物运价规则》(简称《价规》)计算货物运输费用。

铁路货物运输费用的收费项目及收费标准,应在车站营业场所公告。未经公告,不得实行。

二、铁路货物运价的分类

1. 按适用范围分

(1)普通运价。

普通运价是铁路货物运价的基本形式,是铁路运输货物的统一运价,凡在路网上办理正式营业的铁路运输线都适用统一运价。现行铁路的整车货物、零散快运、批量快运、集装箱货物、冷藏车货物运价都属于普通运价。

对一些有特殊运送要求的货物规定了在普通运价上加成、减成的运价。如超限货物的运价是按照超限货物超限等级的不同,分别在普通货物运价的运价率上加成50%、100%、150%计算运费。

(2)特殊运价。

特殊运价是指地方铁路、临时营业线和特殊线路的运价。如大秦线的煤炭运价。

(3)国际联运运价。

国际联运运价是指对国际铁路联运的货物所规定的运价,包括国内段运输和过境运输运价。国内段运输运价同普通运价。过境运输运价根据国际联运有关规定计算。

(4)军运运价。

军运运价是指对军事运输中军运物资所规定的运价。

2. 按货物运输种类分

(1)整车货物运价。

整车货物运价是对按整车运送的货物所规定的运价。

(2)零散快运、批量快运货物运价。

零散快运、批量快运货物运价是对按零散快运、批量快运办理的货物所规定的运价。

(3)集装箱货物运价。

集装箱货物运价是对按集装箱运送的货物所规定的运价。

知识点2　运费计算程序和公式

一、计算程序

(1)按"货物运价里程表"(见《价规》附件四)计算出发站至到站的运价里程。

(2)根据货物运单上填写的货物名称查找"铁路货物运输品名分类与代码表"(见《价规》附件一)、"铁路货物运输品名检查表"(见《价规》附件三),确定适用的运价号。

(3)整车、零担货物按货物适用的运价号,集装箱货物根据箱型、冷藏车货物根据车种分别在"铁路货物运价率表"(见《价规》附件二)中查出适用的运价率(即基价1和基价2,以下同)。

(4)货物适用的基价1加上基价2与货物的运价里程相乘之积后,再与按本规则确定的计费重量(集装箱为箱数)相乘,计算出运费。

(5)杂费按《铁路货物运价规则》的规定计算。

二、计算公式

按现行《价规》,不同运输种类的货物计费公式如下:

1. 整车货物运费

1)按重量计费

运费 = (基价 1 + 基价 2 × 运价里程) × 计费重量

2)按轴数计费

运费 = (基价 2 × 运价里程) × 轴数

2. 零担货物运费

运费 = (基价 1 + 基价 2 × 运价里程) × 计费重量/10

3. 集装箱货物

运费 = (基价 1 + 基价 2 × 运价里程) × 箱数

由于受市场经济的影响,铁路在货物的运输费用方面,也是不断进行调整的,例如,经历了国家两次税率调整,货物运费计算就要乘以相应的税率。

自 2018 年 1 月 1 日起铁总将电气化附加费并入国铁统一运价,不再单独收取。

注:由于现行《价规》并未对运费计算公式做更改,此计算办法是结合目前情况进行整合的,请依据实际情况选择使用。书中例题仍然按照《价规》的规定进行计算,使用时请根据实际情况进行计算。

知识点 3　运 价 里 程

运价里程根据"货物运价里程表"(简称"里程表")按照发站至到站间国铁正式营业线最短径路计算,但"里程表"或国铁集团规定有计费径路的运价里程,按规定的计费径路计算。

一、车站和里程的查找、计算方法

按站名首字(汉语拼音或笔画)查出发站和到站在站名索引表中的页数,再根据货物运价里程接算站示意图查出发站至到站的接算站,即可以从里程表中找出发站和到站至接算站间的里程,通过计算得出发到站间的里程。

用来计算跨及两条或者两条以上线路车站间运价里程的车站,称为接算站,里程表上一般用"★"表示,图上一般用"○"表示接算站在路网上位于两条以上线路的汇集交叉点,如图 3-1 所示。

图 3-1　部分接算站在路网上位置示意图

二、最短径路

所谓最短径路,是指发站至到站间运价里程最小的经由路线。在"里程表"中,附有货物运价里程最短径路示意图。货物运价里程最短径路示意图分为货物运价里程最短径路示意图(环状线)和××站起点货物运价里程最短径路示意图两种。

例题3-1 查包头东站至石家庄站的最短径路。

解: 在图3-2上查找,包头东站至石家庄站有3条径路:

(1)包头东—大同—沙城—三家店—石景山南—丰台—石家庄。

(2)包头东—大同—原平—石景山南—丰台—石家庄。

(3)包头东—大同—原平—太原北—榆次—石家庄。

包头东—大同为条状线;大同—沙城—石景山南—原平为一环状线,根据箭头所指应经原平;原平—石景山南—丰台—石家庄—榆次—太原北也为一环状线,根据箭头所指应经太原北、榆次到石家庄站。最短径路为第(3)条径路。

如不能确定最短径路时可将几条径路里程分别计算出来,取其最短,即为最短径路。上例可计算如下:

(1)包头东(经沙城)—丰台—石家庄的运价里程为:790 + 266 = 1056(km)。

(2)包头东—大同—原平—石景山南—石家庄的运价里程:434 + 232 + 419 + 274 = 1359(km)。

图3-2 包头东站至石家庄站的最短径路

(3)包头东—大同(经太原北)—石家庄的运价里程为:434 + 598 = 1032(km)。

所以,包头东站至石家庄站的最短径路为第(3)条径路,运价里程为1032km。

"里程表"下方"注:仅限发到本线各站的货物使用"的线路,不作为确定最短径路的线路,应按原定的计费径路计算运价里程。

如沈阳铁路局管内锦州站至海城站间有两条径路,如图3-3所示。一条从锦州经由沟帮子、沈阳到海城的径路里程为367km,另一条从锦州经由沟海线(沟帮子至唐王山)到海城的径路里程为172km,比较以上两条径路,沟海线运价里程较近,但根据"里程表"沟海线下方的"注"可知,货物运价里程应按经由沟帮子、沈阳到海城的径路来确定(即按367km计算)。

三、须另加入的运价里程

(1)国际联运货物,经由国境线时,应另加算国境站至国境线的里程(按"里程表"中的"国际联运国境线里程表"确定)。因国境站不是设在国境线上,所以,运价里程应加算国境站至国境线的里程。如国际联运货物从二连站经蒙古国铁路时,国内区段的运价里程应加算二连站至国境线的里程5km,如图3-4所示。

(2)水陆联运货物,经由码头支线时,应另加算换装站至码头线的里程(按"里程表"中的"铁路货物联运换装站到码头线里程表"确定)。

(3)通过轮渡时,应将规定的轮渡里程加入运价里程内计算。轮渡线里程表见表3-1。

图 3-3 锦州、海城间的最短径路

图 3-4 二连站至国境线的里程示意图

轮 渡 线 里 程 表   表 3-1

轮渡线名称	区　　段	里　　程
粤海轮渡线	海安南—海口	26km
江阴轮渡线	靖江南—江阴北	6km
渤海轮渡线	烟台北—旅顺西	189km

(4)站界内搬运的货物,按实际运输里程(不足 1 公里的尾数进整为 1 公里)为计算运价里程。

四、不计入运价里程内的里程

不计入运价里程的有专用线、货物支线的里程。运价里程是以相邻两站的站中心之间的距离确定的,因而不包括专用线、货物支线的里程。

五、实际经由计算方法

在下列情况下,运价里程按实际经由计算:

(1)因货物性质(如鲜活货物、超限货物等)必须绕路运输。

途中需要上水的活动物,在最短径路上没有上水站,则根据托运人的要求,可以绕路经由有上水站的线路绕路运输。

超限货物运输由于受最短径路上建筑限界或其他不利因素的影响,铁路可指定经由适合其运输的线路绕路运输。

(2)因自然灾害或其他非铁路责任的因素,托运人可要求绕路运输。遇此种情况,须由有关部门作出具体指示后,方可办理。

(3)属于"五定"班列运输的货物,按班列经路运输。承运后的货物发生绕路运输时,仍按货物运单内记载的经路计算运费。为保护托运人的利益,由于铁路内部车流调整发生的绕路运输,未经国铁集团明定按绕路计费的都不应按绕路计算运费。

知识点 **4** 运价号及运价率

一、运价号

我国现行铁路货物运价实行分号运价制。整车(含冷藏车)货物运价号分为 7 个(1~6、机械冷藏车);零散货物运价号分为 2 个(21、22);集装箱货物运价号分为 2 个(20ft、40ft)。

按照货物运单上填写的货物品名,查找"铁路货物运输品名分类与代码表"(简称"分类表")和"铁路货物运输品名及检查表"(简称"检查表"),确定该批货物适用的运价号。

1. 列表内的货物

列表内的货物即在货物"分类表"和"检查表"中列载了货物具体名称或概括名称的货物。

(1)先查"检查表"。从品名首字汉语拼音索引表或品名首字笔画索引表中,查出该品名在货物运输品名检查表中的页数,再根据"检查表"查出该品名的拼音码、代码和运价号。

(2)"分类表"和"检查表"中有具体名称时,按具体名称判定货物类别和运价号,不属该具体名称的不能比照。但由于货物的别名、俗名、地方名称等不同,而实际属于该具体名称的货物,仍应按该具体名称判定类别和运价号。

(3)"分类表"和"检查表"中有该货物的具体名称时,则按概括名称判定类别和运价号,并须遵守以下规定。

①适用制材或加工工艺概括名称的,除明定者外,均不分用途。当货物具有两种以上制材时,则按其主要制材判定其类别和运价号。

②适用用途概括名称时,除明定者外,均不分制材,并在用途概括名称后加括弧注明该货物具体名称。如:药用的桑皮在检查表中无此名称,则在运单上写成"中药材(桑皮)"。

③适用自然属性概括名称的,除明定者外,均不分用途、制材、形态、品种。

2. 未列名的货物

在"分类表"和"检查表"中既无该货物的具体名称,又无概括名称或难以判定概括名称时,按小类→中类→大类的顺序逐层次判定其归属的类别。各类均不能归属的货物,则列入总收容类目 9990 未列名的其他货物。

二、运价率

铁路货物运价率是根据运价号相应地制订出对应于每一运价号的基价 1 和基价 2。基价 1 是货物在发站及到站进行发到作业时单位重量(箱数)的运价。它只与计费重量(箱数)有关,与运价里程无关。基价 2 是指货物在途运输期间单位重量(箱数)每一运价公里的运价,它既与计费重量(箱数)有关,又与运价里程有关。铁路货物运价率表见表3-2。

整车货物运价号中的 1 号为按轴计费的运价号,无基价 1,基价 2 的单位为元/(t·km)。

铁路货物运价率表 表3-2

办理类别名称	运 价 号	基 价 1		基 价 2	
		单位	标准	单位	标准
整车	1	—	—	元/(t·km)	0.525
整车	2	元/t	9.50	元/(t·km)	0.086
整车	3	元/t	12.80	元/(t·km)	0.091
整车	4	元/t	16.30	元/(t·km)	0.098
整车	5	元/t	18.60	元/(t·km)	0.103
整车	6	元/t	26.00	元/(t·km)	0.138
整车	机械冷藏车	元/t	20.00	元/(t·km)	0.140
零担	21	元/10kg	0.22	元/(10kg·km)	0.00111
零担	22	元/10kg	0.28	元/(10kg·km)	0.00155
集装箱	20ft	元/箱	440.00	元/(箱·km)	3.185
集装箱	40ft	元/箱	532.00	元/(箱·km)	3.357

知识点5 计费重量及尾数处理

一、计费重量

用来计算运输费用的货物重量称为计费重量。货物运费与计费重量有关,因此,计算运费时,首先应根据所运送的货物确定计费重量。整车货物运费计费重量单位为吨(t,吨以下四舍五入)、轴;集装箱计费以箱为单位。计费重量是根据货物实际重量、轴数、箱数按有关规定确定的。

二、尾数处理

计算出的每项运费、杂费均以元为单位,尾数不足1角时,按四舍五入处理。

单元2 整车货物运费计算

知识点6 一般整车货物运费

一、计费重量

(1)一般情况下,整车货物均按货车标记载重量(简称"标重")计算运费,货物重量超过标重时按货物重量计费。计费重量以吨(t)为单位,吨以下四舍五入。

(2)特殊情况下,使用规定车种车型装运特定货物,计费重量按表3-3所规定的计费重量计算,货物重量超过规定计费重量的按货物重量计费。

整车货物规定计费重量表 表3-3

序号	项 目	计费重量(t)
1	标重不足30t的家畜车	30
2	矿石车、平车、砂石车经铁路局集团公司批准装运"品名分类与代码表"中的01(煤)、0310(焦炭)、04(金属矿石)06(非金属矿石)、081(土、砂、石、石灰)、14(盐)类货物	40

续上表

序号	项　　目	计费重量(t)
3	标重低于50t、车辆换算长度小于1.5m的自备罐车	50
4	SQ$_1$(双层汽车专用平车)	80
5	SQ$_4$(双层汽车专用平车)、J6SQ(小汽车运输专用车)	60
6	JSQ$_5$(双层运输汽车专用车)、JSQ$_6$(凹底双层运输汽车专用车)	100
7	QD$_3$(凹底平车)	70
8	GY$_{95s}$、GY$_{95}$、GH$_{40}$、GY$_{40}$、GH$_{95/22}$、GY$_{95/22}$(石油液化气罐车)	65
9	GY$_{100s}$、GY$_{100}$、GY$_{100-I}$、GY$_{100-II}$(石油液化气罐车)	70
10	GY$_{80s}$(液化气罐车)	56
11	DK$_{36A}$(落下孔长大货物车)	360
12	P$_{65}$	40

(3)车辆换长超过1.5m的货车(D型长大货物车除外),未明定计费重量的,按其超过部分以每米(不足1m的部分不计)折合5t与60t相加之和计费。

(4)米轨、准轨间换装运输的货物,均按发站的原计费重量计费。

(5)承运人提供的D型长大货物车的车辆标重大于托运人要求的货车吨位时,经中铁特货公司批准可根据实际使用车辆的标重减少计费重量,但减吨最多不得超过60t。

(6)整车运输的焦炭(03)、钢铁(0520、0530、0540、0571、0573、0574)、木材(10)时,按实重计费。按实重计费时,如果货物重量不足整车标记载重的60%,则按照标重60%计费。

二、运价率

根据托运人在货物运单上填写的货物名称,按照铁路货物运输"分类表"查出该批(项)货物所适用的运价号,按承运当日实行的运价率,查出该批货物适用的运价率。

(1)按一批办理的整车货物,运价率不同时,按其中较高的运价率计费。

例题3-2 托运人在某站托运一批货物,其中空调50台,运动器材100套,试确定运价率。

解:查出空调为6号运价,运动器材为5号运价,因其按一批托运,故按6号运价率计费。

(2)运价率加(减)成的确定。

"分类表"中规定的加(减)成应先计算出其适用的运价率,再按下述规定进行加(减)成计算。①一批或一项货物,运价率适用两种以上减成率计算运费时,只适用其中较大的一种减成率。②一批或一项货物,运价率适用两种以上加成率时,应将不同的运价率相加之和作为其适用的加成率。③一批或一项货物,运价率同时适用加成率和减成率时,应以加成率和减成率相抵后的差额作为适用的加(减)成率。如:某站发送一件超级超限货物,用自备车装运。其运价率既适用于加成率又适用于减成率,超级超限货物加成率为150%,用自备车装运减成率为20%。因此,该批货物适用的运价率为加成150% − 20% = 130%。

例题3-3 某托运人从安阳站托运一台机器,重26t。使用一辆60t货车将货物装运至徐州北站,计算其运费。

解:查里程表安阳站至徐州北站的运价里程为556km,查"分类表",机器运价号为6号运价,查运价率表,6 号运价的基价 1 为 26.00 元/t,基价 2 为 0.138 元/(t·km),计费重量为 60t。

运费 = (26 + 0.138 × 556) × 60 = 6163.68 ≈ 6163.7(元)。

知识点 7　特殊货车货物运费

一、冷藏车货物运费

1. 计费重量

机械冷藏车运送易腐货物按规定计费重量计费(见表 3-4),超过计费重量时按货物重量以吨为单位四舍五入计费。

冷藏车规定计费重量表　　　　　　　　　　　表 3-4

车种、车型		计费重量(t)
机械冷藏车	B$_{10}$	44
	B$_{22}$、B$_{23}$	48

2. 运价率的确定

用冷藏车运送货物,按货物运价率表中不同车型的冷藏车的运价率计算运费,特殊情况按下述方法计费:

(1)途中不需要加温(或托运人自行加温)或有制冷功能的机械冷藏车按机械冷藏车的运价率减 20% 计费。

(2)使用铁路机械冷藏车运输,要求途中制冷保持温度为 -12℃(不含)以下的货物,按机械冷藏车运价率加 20% 计费。

(3)自备冷藏车、隔热车(即无冷源车)和代替其他货车装运非易腐货物的铁路冷藏车,均按所装货物适用的运价率计费。

例题 3-4　从集宁站发往开封站冻羊肉 120t,用 B$_{22}$ 型机械冷藏车组装运(4 辆装货)。

(1)途中制冷且要求车内保持温度为 -12℃,试计算其运费。

(2)途中制冷且要求车内保持温度为 -13℃,试计算其运费。

解:查货物运价里程表可知,最短径路里程为 1112km(最短径路经京包线、北同蒲线、太焦线、陇海线)。使用机械冷藏车,根据机械冷藏车运价率该批货物运费。

(1)途中制冷保持温度为 -12℃ 时:

运费 = (20 + 0.140 × 1112) × 48 × 4 = 33730.6(元)。

(2)途中制冷保持温度为 -13℃ 时:

运费 = (20 + 0.140 × 1112) × (1 + 20%) × 48 × 4 = 40476.7(元)。

例题 3-5　桂林北发往沈阳南一批蔬菜,重 20t,用一辆 B$_{10}$ 型车装运,途中不制冷,试计算其运费。

解:查货物运价里程表可知最短径路运价里程为 2962km,由于途中不制冷,运价率按机械冷藏车运价率减 20% 计费,计费重量为规定计费重量 44t。

运费 $= (20 + 0.140 \times 2962) \times (1 - 20\%) \times 44 = 15300.7$ (元)。

二、快运货物

按快运办理的货物运输时须加收快运费。货物快运费的费率,按"铁路货物运价率表"规定的该批货物适用运价率的30%计算核收。

例题3-6 如例题3-5中货物要求快运时,除核收运费外,试计算该批货物快运费。

解: 快运费 $= (20 + 0.140 \times 2962) \times (1 - 20\%) \times 44 \times 30\% = 4590.2$ (元)。

三、超长、超限货物的运费

1. 超限、限速货物运费的计算

由于超限货物和须限速运行的货物运输条件特殊,办理手续复杂,影响铁路运输效率,增加运输成本,因而运送这类货物时,发站应将超限货物的超限等级在货物运单货物名称栏内注明。承运人记载调度命令号,其运费计算按下列规定进行。

(1)一级超限:按运价率加50%计费。

(2)二级超限:按运价率加100%计费。

(3)超级超限:按运价率加150%计费。

(4)限速运行(不包括仅通过桥梁、隧道、出入站线限速运行)的货物,按运价率加150%计费。须限速运行的超限货物,只核收150%的加成运费,不另核收超限货物加成运费。须限速运行的货物主要是指货物装车后,重车重心距路面高度超过2000mm及与限界距离或邻线列车距离较小的超级超限货物。由于须限制其运行速度,因而影响铁路运输效率,增加铁路运输成本,须对运价率进行加成。

例题3-7 天津站发呼和浩特站一批机器,该批货物重26t,为超级超限货物,使用1辆60t平车装运,试计算其运费。

解: 查里程表,最短径路里程为761km,机器运价号为6号运价,因其为超级超限,所以按运价率加150%计算。

运费 $= (26 + 0.138 \times 761) \times (1 + 150\%) \times 60 = 19652.7$ (元)。

例题3-8 上海南站发常州站1台变压器,该变压器重20t,用一辆60t平车装运,装车后货物超限等级为一级超限,重车重心高为2260mm,需要限速运行,试计算其运费。

解: 查里程表,最短径路里程为181km,变压器运价号为6号运价,该货物为须限速运行的超限货物,则按运价率加150%计算。

运费 $= (26 + 0.138 \times 181) \times (1 + 150\%) \times 60 = 7646.7$ (元)。

2. 使用游车时货物运费的计算

运送超长、超限货物时,在一些情况下,除使用负重的主车负担货物重量外,还须使用游车满足货物对长度的需要,因而需要更多车辆,所以要核收多使用的游车运费,游车运费按下列规定计算:

(1)游车不装货物时,游车运费按主车货物运价率和游车标重计算。

（2）利用游车装运货物,按所装货物运价率与主车货物运价率较高的核收游车运费。

（3）两批货物共同使用游车时,其游车运费各按主车货物的运价率及游车标重的1/2计费。

（4）运输超限货物或需要限速运行的货物使用游车时,游车运费不加成。

（5）自轮运转的轨道机械,以企业自备货车或租用铁路货车作游车时,按整车1号运价率核收游车运费;自轮运转的轨道机械,以铁路货车作游车时,按整车6号运价率和游车标重核收游车运费。

（6）D型长大货车运输货物须用隔离车时,隔离车不另核收运费。隔离车加装货物时,按所加装货物适用的运价率核收运费。

例题3-9　山海关站发乌海站1件桥梁架,长16.3m,重39t,使用一辆60t平车一端突出装运,另用一辆60t平车作游车,试计算这批货物运费。

解:查里程表,最短径路运价里程为1569km。

主车:查桥梁运价号为5号,计费重量为60t。

游车:因游车上未装货物,所以按主车桥梁的运价号5号,计费重量为游车标重60t。

运费 = 主车运费 + 游车运费 = (18.6 + 0.103 × 1569) × 60 + (18.6 + 0.103 × 1569) × 60 = 21624.8(元)。

例题3-10　攀枝花站发往桂林北站一批钢管,重51t,使用一辆60t平车一端突出装运,另使用一辆60t平车作游车,托运人利用游车装载一箱医用仪器,试计算其运费。

解:查里程表,最短径路运价里程为1767km。

主车:计费重量为60t,钢管运价号为5号。

游车:计费重量为60t,运价率为钢管与医用仪器之间较高的,钢管运价号为5号,医用仪器运价号为6号,因而游车运价号为6号。

运费 = 主车运费 + 游车运费 = (18.6 + 0.103 × 1767) × 60 + (26 + 0.138 × 1767) × 60 = 28226.8(元)。

例题3-11　株洲北站发武昌站一批水泥电杆(超长货物),重42t,以一辆60t平车装载,与另一批货物共同使用一辆60t平车作游车,试计算其运费。

解:查运价里程表,最短径路运价里程为414km。

主车:计费重量为60t,运价号为5号。

游车:因共用游车,所以计费重量为游车标重的1/2,即30t,运价号为该主车货物水泥电杆的运价号5号。

运费 = 主车运费 + 游车运费 = (18.6 + 0.103 × 414) × 60 + (18.6 + 0.103 × 414) × 30 = 5511.8(元)。

四、自备、租用车的运费

（1）托运人自备货车或租用铁路货车(不论空重)用自备机车或租用铁路机车牵引时,按照全部列车(包括机车、守车)的轴数与整车1号运价率计费。

（2）托运人自备货车或租用铁路货车装运货物用铁路机车牵引,或铁路货车装运货物用该托运人机车牵引运输时,按所装货物运价率减20%计费。

(3)托运人的自备货车或租用铁路货车空车挂运时,按1号运价率计费。

承运人利用自备车回空捎运货物,按所装货物适用的运价率计算,在货物运单承运人记事栏内注明,免收回空运费。

(4)自备或租用铁路的客车、餐车、行李车、邮政车、专用工作车挂运于货物列车时,空车按1号运价率加100%计费;装运货物时按其适用的运价率加100%和标重计费。但换长1.5m以下的专用工作车不装货物时不加成。

例题3-12 某托运人从中华门站装运一批石灰石到古雄站,重1200t,该托运人自备机车1台(6轴),自备货车20辆(均为4轴60t敞车),及自备守车1辆(4轴)组成列车运输,试计算其运费。

解:因该批货物用自备货车装运、自备机车牵引,所以按轴计费,即运价号按7号,总轴数为90,其运价里程为16km。

运费 = 0.525 × 16 × 90 = 756.0(元)。

例题3-13 长春北站发哈尔滨站一批化工原料,重50t,用1辆60t企业自备棚车装运,计算其运费。

解:该批货物属自备货车装运,用铁路机车牵引,所以,运价率为该批货物适用的运价率减成20%,即化工原料5号运价的运价率减成20%,该批货物运价里程为263km。

运费 = (18.6 + 0.103 × 263) × (1 - 20%) × 60 = 2193.1(元)。

例题3-14 沈阳站卸货后回送辽阳石油化学纤维厂的自备空罐车3辆(均为4轴),试计算其运费。

解:因是自备货车空车挂运,所以应按运价号7号计费,运价里程为72km。

运费 = 0.525 × 3 × 4 × 72 = 453.6(元)。

五、自备货车装备物品及集装箱用具的回送费

(1)托运人自备的货车装备物品(禽畜架、篷布支架、饲养用具、防寒棉被、粮谷挡板)、支柱等加固材料和运输长大货物用的货物转向架、活动式滑枕或滑台、货物支架、座架及车钩缓冲停止器,凭收货人提出的特价运输证明书回送时,不核收运费。

(2)托运人自备的可折叠(拆解)的专用集装箱、集装笼、托盘、网络、货车篷布,装运卷钢、带钢、钢丝绳的座架、玻璃集装架和爆炸品保险箱及货车围挡用具,凭收货人提出的特价运输证明书回送时,整车按2号运价率计费。

六、站界内搬运、途中装卸、整车分卸货物的运费

站界内搬运、途中装卸、整车分卸这三种形式为整车运输的特殊形式,其运费计算方法如下。

(1)站界内搬运的货物,按实际运输里程(不足1km的尾数进整为1km)和该批货物适用的运价率计算运费,不另收取送车费。

(2)途中装卸货物,不论托运人、收货人要求在途中装卸地点的前方或后方货运站办理托运或领取手续,途中装车按后方货运站计算运价里程;途中卸车按前方货运站计算运价里程,不另收取送车费。

(3)整车分卸的货物,按照发站至最终到站的运价里程计算全车运费和押运人乘车费。

七、按整车办理的危险货物的运费

由于危险货物具有易爆炸、易燃、毒害、腐蚀、放射性等特性,在运输过程中须进行特殊防护,因而车站在办理危险货物运输时,应按下述规定进行运费核算:

(1)一级毒性物质(剧毒品)按运价率加100%计算运费。

(2)爆炸品、易燃气体、非易燃无毒气体,毒性气体、一级易燃液体(代码表02石油类除外)、一级易燃固体、一级自燃物品、一级遇水易燃物品、一级氧化性物质、有机过氧化物、二级毒性物质(有毒品)、感染性物质、放射性物质按运价率加50%计算运费。

例题3-15 包头站发往银川站碳化钙(电石)58t,以一辆 P_{62} 型车运送,计算其运费。

解:查货物运价里程表,包头至银川运价里程为511km,碳化钙(电石)运价号为5号,且碳化钙(电石)是一级遇水产生易燃气体的物质,因此,其运价率加50%。

运费 = (18.6 + 0.103 × 511) × (1 + 50%) × 60 = 6411.0(元)。

单元3 其他运输费用计算

知识点8 杂费计算方法

一、杂费

运输费用除运费外,还包括货物运送过程中实际发生的各种杂费。铁路货运杂费是以铁路运输的货物自承运至交付时的全过程中,铁路运输企业向托运人、收货人提供的辅助作业和劳务,以及托运人或收货人额外占用铁路设备、使用用具和备品所产生的费用,均属于货物运输杂费(简称"货运杂费")。

1.核收依据

铁路货物运输营运中的杂费按实际发生的项目和《铁路货物运输杂费管理办法》的规定核收。铁路杂费收费项目和标准见附录中的附表4、附表8、附表9和附表10。

杂费中取消了以下货运杂费项目:抑尘费、自备车管理费、阿拉山口岸建设费、冷藏车空车回送费、铁路码头使用服务费、防风网使用费、冷却费、分卸作业费、D型长大车使用费、货车篷布使用费、机械冷藏车制冷费、验关手续费。

2.杂费计算及尾数的处理

杂费的核收按照《铁路货物运输杂费管理办法》规定进行核收。杂费计算公式如下:

杂费 = 杂费费率 × 杂费计费单位

各项杂费不满一个计算单位时,均按一个计算单位计算(另定者除外)。货运杂费按实际核收,未发生的项目不准核收。

杂费的尾数不足1角时按四舍五入处理。

例题3-16 某车站专用线里程为5.3km,试计算一辆C_{64}型货车的取送车费。

解:取送车费率为8.10元/(车·km),车数为1车,专用线往返里程为$5.3 \times 2 = 10.6$(km),进整取11km。

取送车费$= 8.10 \times 1 \times 11 = 89.1$(元)。

例题3-17 洛阳东站发包头东站纺织品一车,保价20万,试计算保价费。

解:查询保价费率表,纺织品保价费率为3‰。

保价费$=$保价全额$\times$保价费率$= 50 \times 3‰ = 1500$(元)。

二、铁路建设基金

1. 计算公式

该批货物经由国家铁路正式营业线和实行统一运价的运营临管线时应核收铁路建设基金,该批货物的铁路建设基金计算公式如下。

$$铁路建设基金 = 费率 \times 计费重量(箱数或轴数) \times 运价里程$$

式中:费率——见铁路建设基金费率表(见附录中的附表8);

计费重量——整车、零散货物按该批货物运费的计费重量计算,集装箱货物按箱计费,货物运单内分项填记重量的货物,按运费计费重量合并计算;

运价里程——按国家铁路正式营业线和实行统一运价运营临管线的运价里程算。

2. 其他说明

(1)费用由发站一次核收,尾数不足1角时按四舍五入处理。

(2)国际联运国内段铁路建设基金,出口货物由发站核收,进口货物由国境站核收。军事运输也按规定的费率核收铁路建设基金。

(3)免收运费的货物、站界内搬运的货物免收铁路建设基金。

(4)承运后发生运输变更时,按《价规》处理运费方法处理。

(5)承运后发现托运人匿报、错报货物品名,致使铁路建设基金少收时,到站除按正当铁路建设基金补收差额外,另核收该差额等额的违约金。

(6)自2018年1月1日起,电气化附加费不再单收。

(7)整车化肥、黄磷免征铁路建设基金。其中粮食仅指稻谷、大米、小麦、小麦粉、玉米、大豆。棉花仅指籽棉、皮棉。出口的稻谷、大米、小麦、小麦粉、大豆、玉米不免征铁路建设基金。

三、印花税

印花税属于铁路代收费用,印花税按运费的万分之五核收。印花税以元为单位,精确到角,角以下四舍五入。印花税起码价为1角,运费不足200元的货物,免收印花税。

例题3-18 包头东站运往广安门站一车铝锭,用60t C_{62}车装运,试计算其运费、铁路建设基金和印花税。

解:包头东至广安门运价里程为798km。

查费率表:运价号为5,运价率18.60元/t、0.103元/(t·km),计费重量60t。

铁路建设基金费率为0.033元/(t·km)。

(1)运费 = $(18.60 + 0.103 \times 798) \times 60 = 6047.6$(元)。

(2)铁路建设基金 = $0.033 \times 60 \times 798 = 1580.0$(元)。

(3)印花税 = $6047.64 \times 5/10000 = 3.0$(元)。

知识点9 货物运输变更运费

托运人要求货物运输变更时,应提出领货凭证和货物运输变更要求书办理运输变更。

(1)货物发送前取消托运时,由发站处理,运输合同即终止,相应运单票据作废。

费用清算:由发站退还全部运费和按里程计算的杂费,如货物运费低于变更手续费时,免收变更手续费,但不退还运费。

(2)货物发送后,托运人要求变更到站(包括同时变更收货人)时,变更处理站在承运人记事栏内记载有关变更事宜。

费用清算:运费与押运人乘车费应按发站至处理站、处理站至新到站分别计算,由到站向收货人清算。运输费用多退少补。

(3)货物发送后,托运人或收货人要求变更收货人,变更处理站在承运人记事栏记载相关变更事宜,并记入货票内。

例题3-19 石家庄站发长沙东站雪梨1500件,重32t,用一辆B_{22}冷藏车运送,发送前托运人取消托运,费用如何清算?

解:查里程表,最短径路为1312km,计费重量为规定计费重量48t,运价率按机械冷藏车运价率。

原收运费 = $(20.00 + 0.140 \times 1312) \times 48 = 9776.6$(元)。

发站应退还发货人费用为9776.6(元)。

例题3-20 石家庄站运往汉口站一批毛巾,用60t棚车装运,货车运行至孟庙站,托运人要求变将到站更为徐州北站,计算新到站徐州北站清算的费用。

解:退还运费 = 原收运费 - 变更后运费;应补运费 = 变更后运费 - 原收运费。

(1)原收运费。石家庄站至汉口站运价里程为929km,运价号为5号,计费重量为60t。

原收运费 = $(18.60 + 0.103 \times 929) \times 60 = 6857.2$(元)。

(2)变更后运费。发站至处理站里程为 $406 + 139 = 545$(km),处理站至新到站里程为 $139 + 375 = 514$(km),如图3-5所示。运价号为5号,计费重量为60t。

变更后运费 = 发站至处理站运费 + 处理站至新到站运费 = $(18.60 + 0.103 \times 545) \times 60 + (18.60 + 0.103 \times 514) \times 60 = 8776.6$(元)。

图3-5 石家庄站至汉口站运价里程示意图

（3）新到站徐州北清算。

应补运费 = 变更后运费 - 原运费 = 8776.60 - 6857.20 = 1919.4(元)。

清算费用 = 应补运费 = 1919.4(元)。

拓展知识　运输阻碍运费

对已承运的货物,因自然灾害发生运输阻碍须变更到站时,处理站应在货物运单上记明有关变更事项。新到站对运费进行如下处理。

（1）运费按发站至处理站与自处理站至新到站的实际经由里程合并通算。若新到站经由发站至处理站的原径路时,计算时应扣除原径路的回程里程,杂费按实际发生核收。

（2）发生运输阻碍时免收变更手续费。

例题3-21　石家庄站运往汉门站一批服装,用60t棚车装运,货车运行至孟庙站时前方发生水灾,中断行车。承运人根据托运人要求变更到站为徐州北站,计算新到站徐州北站清算的费用。

解: 石家庄站至汉口站运价里程为929km,运价号为5号,计费重量为60t。

（1）原收运费 = (18.60 + 0.103 × 929) × 60 = 6857.2(元)。

（2）变更后运费。发站至处理站里程为406 + 139 = 545(km),处理站至新到站里程为139 + 375 = 514(km),扣除原径路回程里程139km,发站至新到站里程为545 + 514 - 139 = 920(km)。运价号为5号,计费重量为60t。

变更后运费 = (18.60 + 0.103 × 920) × 60 = 6801.6(元)。

（3）新到站徐州北清算。

应退运费 = 原运费 - 变更后运费 = 6857.20 - 6801.60 = 55.6(元)。

免收变更手续费。

模块小结

通过本模块的学习,掌握货物运输费用的计算,以保证货物安全为前提,尽力减少运输费用,为货主提供安全、经济的运输组织方案。

《复习思考题》

1. 什么是铁路货物运输费用?

2. 铁路货物运输费用如何分类?

3. 货物运费计算的影响因素有哪些?列出整车、零担、集装箱货物运费计算公式。

4. 一般整车货物运费计算中对计费重量有哪些规定?

5. 超限、限速货物运费计算有哪些规定?

6. 什么是货运杂费?

模块3　实训工单

班级：_____　姓名：_____　学号：_____　时间：_____

一、训练目标

1. 专业能力目标：
(1)能计算铁路整车货物运价；
(2)能说出铁路货物运输杂费类别。
2. 方法能力目标：
能综合运用铁路普通货物运输专业知识,通过利用铁路普通货物运输专业书籍、课件和相关规章资料获得信息。
3. 社会能力目标：
(1)保持积极向上的学习态度；
(2)能与小组成员和教师就学习中的问题进行交和流沟通；
(3)能与他人共享学习资源的,具有较好合作能力和团队协作精神。

二、知识总结

1. 铁路整车货物运价计算。
2. 铁路货物运输杂费计算。

三、实训内容

根据题意计算有关运杂费。

1. 吐鲁番站用货主自备车(标重40t)发液化气到兰州西站,押运人2名。

2. 武威南发西宁站白兰瓜一批,货重20000kg,使用一辆冷藏车(B_{10}型)装运,途中不制冷。

3. 包头东发往银川南蜜蜂一车,用60t敞车装运,苫盖铁路篷布2张(小张),押运人4人。

4. 丰台发往郑州北40t家电,用60t棚车装运,按整车分卸办理。第一分卸站保定卸15t,第二分卸站邯郸卸10t,最终到达郑州北站,派押运人2名进行押运。

5. 杭州南发往韶山变压器一批,使用一个企业自备20ft集装箱装运。

6.武汉晨鸣纸业股份有限公司于2013年11月1日在汉西站托运68件纸张,共计60t,使用标重60t棚车3371353一辆装运,本企业专用线装车,当日由托运人负责装车完毕,未施封,发往丰台车站,收货单位:北京四季基业储运有限公司。(取送车里程35km)

7.河南吉象人造林制品有限公司于2013年11月11日在洛阳北站托运木材17件,共计50t,使用标重60t敞车4842124一辆装运,当日由承运人组织装车完毕,苫盖篷布两块(小张),篷布号:5008281,5009496,发往柳州南,收货人及单位地址自拟。

8.武汉农源物资有限责任公司于2013年4月29日在汉西站托运钢材48t,共22件,使用敞车4900482一辆装运,标重61t,当日由承运人在专用线装车完毕(专用线取送车单程1km),发往贵阳东站,收货单位:贵州长通电力线路器材有限公司。

四、实训小结

_____

_____

五、成绩评定

评价等级	表达能力	沟通能力	团队合作能力	实作能力	知识掌握能力
评价结果					

指导老师评语:

学习者签字:　　　　　　　　　　　　　　日期:　　年　　月　　日
指导教师签字:　　　　　　　　　　　　　日期:　　年　　月　　日

模块 4

货物损失处理

模块描述

铁路货物损失处理工作是货物运输的重要环节,是衡量货运工作质量的重要标准,能够主动、迅速、妥善处理货物损失,是提高货运安全工作质量和服务水平、维护铁路声誉的基本要求。而健全货运安全管理机构和制度,配备精通业务、作风正派的专职人员,是确保货物损失处理工作顺利完成的基本条件。

本模块将通过对货物损失种类与等级、记录的种类与编制、货物损失处理程序,及铁路货物保价运输的学习,培养学生正确地判定及处理货物损失的能力,培养学生在货物运输中严守规章标准、确保货运安全的职业素质。

教学目标

1. 知识目标
(1)掌握货物损失的定义、货物损失的种类及货物损失的等级。
(2)掌握记录的种类和编制要求。
(3)掌握货物损失处理程序和要求。
(4)了解货物损失的统计与报告工作。
(5)掌握货物保价运输的规定。
2. 能力目标
(1)能运用所学知识正确判断货物损失的种类及等级。
(2)能正确编制货运记录和普通记录。
建议课时:10 课时。

单元 1　货物损失种类与等级

一、《铁路货物损失处理规则》

《铁路货物损失处理规则》(简称《损规》)是为加强铁路货运安全管理,明确货物损失处理的原则、程序和铁路内部责任划分等,根据《货规》等相关法律法规和国铁集团有关规定,制定而成的关于铁路货物损失处理的规则。

《损规》不是《货规》的引申规则,因此,不能将其作为承运人与托运人、收货人划分货物损失责任的依据。只有明确认定属于承运人责任时,才按《损规》等有关规定划分铁路内部责任。

二、货物损失的定义

货物在铁路运输过程中(自铁路运输企业接收货物时起,至将货物交付收货人时止)发生灭失、短少或者损坏属于货物损失。

三、货物损失种类

货物损失分为5类:
(1)火灾;
(2)被盗(有被盗痕迹);
(3)丢失(全批未到或部分短少、漏失,没有被盗痕迹);
(4)损坏(破裂、变形、磨伤、摔损、部件破损、湿损、冻损、腐烂、植物枯死、活动物死亡、变质、污染、染毒等);
(5)其他(办理差错及其他原因造成的货物损失)。

"火灾"是指在铁路运输过程中,由于运输物资或运载货物的车辆、集装箱发生失去控制的燃烧,造成货物、仓库、货车、设施、运输物资损失和人员伤亡等后果的灾害。火灾损失的原因认定以公安消防部门《火灾原因认定书》为准。

"被盗"和"丢失"的区别在于是否有"被盗痕迹","被盗痕迹"主要以包装被撕破为表面特征。对于包装封条开裂、捆匝脱落,内品短少或被调换,除能证明属于被盗之外,均按丢失处理。货物全批灭失、件数短少、包装破损、内品短少的,按丢失处理。货车破封不能一概视为被盗,是否被盗还是要看货物是否有被盗痕迹。

铁路运输过程中,发生的办理差错(未构成货物损失的),如误办理(违反营业办理限制,停限装命令)、误运送、误交付、票货分离等,按《铁路货物损失处理规则》按规定程序处理。

四、货物损失等级

货物损失分为四级:
(1)一级损失,货物损失款额(简称"损失款额")为10万元以上;
(2)二级损失,损失款额为1万元以上未满10万元;
(3)三级损失,损失款额为1000元以上未满1万元;
(4)轻微损失,损失款额未满1000元。

货物损失等级的划分是以货物损失款额来确定的,"货物损失款额"是指直接损失款额,包括税款、包装费用和已发生的运费。

单元 2　货物损失记录的种类和编制

为正确、及时地处理损失,判明损失真相,分析原因,划清责任,须根据不同的情况分别编制相应的记录。

知识点 1　货物损失记录的种类

货物损失记录分为货运记录和普通记录两种。

货运记录(表 4-1)为一页绿色 A4 专用纸(货主页),背面印有索赔须知,另一页白色 A4 纸(存查页)。普通记录(表 4-2)每组一式两页,第一页为编制单位存查页,第二页为交给接方的证明页。

货 物 损 失 报 告　　　　　　　　　　表 4-1
(＿＿＿＿＿)

No. ＿＿＿＿＿

补充编制货运记录时记入补充＿＿＿公司＿＿＿站所编第＿＿＿号＿＿＿记录

一、一般情况:

办理种别＿＿＿运单号码＿＿＿于＿＿年＿＿月＿＿日承运

发＿＿＿站　发公司＿＿＿托运人＿＿＿装车单位＿＿＿

到＿＿＿站　到公司＿＿＿收货人＿＿＿卸车单位＿＿＿

车种车型＿＿＿车号＿＿＿标重＿＿＿t

＿＿年＿＿月＿＿日 第＿＿次列车到达＿＿年＿＿月＿＿日＿＿时＿＿分卸车＿＿年＿＿月＿＿日＿＿时＿＿分卸完

封印:施封单位＿＿＿/＿＿＿施封号码＿＿＿/＿＿＿

篷布:篷布号码＿＿＿保价/保险＿＿＿货物价格＿＿＿元

二、货损情况:

项目	货物名称	件数	包装	重量(kg)		托运人记事
				托运人	承运人	
票据原记载						
按照实际						
货物损失详细情况						

三、参加人签章:

车站负责人＿＿＿编制人＿＿＿审核人＿＿＿

公安人员＿＿＿收货人＿＿＿其他人员＿＿＿

年　月　日编制　　　　××公司　　　　　　　　　　××车站(章)

规格:A4 纸鉴印(210mm×297mm)

普通记录 表 4-2

No. ....

发站_____发公司_____托运人_____
到站_____到公司_____收货人_____
运单号码_____车种车型_____车号_____
货物名称_____
于_____年_____月_____日_____时_____分第_____次列车到达

	新车号 1		新车号 2		新车号 3	
	新封号 1		新封号 2		新封号 3	
	新重量 1		新重量 2		新重量 3	
发生的事实情况或车辆技术状态						

厂修	
段修	
辅检	

参加人员:
车　　站:
车　辆　段:
其　　他:
单位戳记

年　　月　　日

注:1.带号码的普通记录,编制单位打印存查,接方打印留存作为证明。
　　2.普通记录号码由系统自动生成。

涉及货物快运的还应在货运记录左上角加盖"货物快运专用"戳记。

货运记录及号码由保价系统生成,普通记录及号码由相关系统(货运站系统、现车系统、货检系统)生成。

知识点2　货运记录的编制

一、货运记录的作用

《合同法》和《铁路法》规定,货物在运输过程中发生灭失、短少、变质、污染或者损坏时,责任一方要承担赔偿责任。因此,铁路作为承运的一方,托运人、收货人作为托运的一方,一旦发生经济纠纷,货运记录就是起法律效用的证明文件。

货运记录是划分责任、提出赔偿要求的依据,既是承运人内部各单位间,也是承运人与托运人、收货人间划分责任的依据,同时,也是承运人与托运人、收货人间相互提出赔偿要求的依据。

二、货运记录的适用范围

货运记录(含商务记录)是货物发生损失时的证明。凡是货物在铁路运输过程中发生货物损失,车站均应在发现次日内使用铁路保价运输管理系统按批(车)编制货运记录。遇到下列情况时也应编制货运记录:

(1)发生《货规》《管规》及其引申规则办法中所规定的需要编制的情况时;

(2)自备篷布、自备集装箱运输发生损失时;

(3)一批货物中的部分货物补送或损失货物及误运送、误办理等其他情况货物需要回送时;

(4)发现无票据、无标记、无法交付货物和公安机关查获铁路运输中被盗被诈骗的货物,以及公安机关缴回的赃款移交车站时,沿途拾得的铁路运输货物交给车站处理时;

(5)托运人组织装车,收货人组织卸车,货车施封良好,篷布苫盖和敞车、平车、砂石车货物装载外观无异状,收货人提出货物有损失,经承运人确认时;

(6)集装箱运输的货物,箱体完整、施封良好,交付完毕项目内收货人提出货物有损失,经承运人确认时。

三、货运记录的编制要求

货运记录由车站货物损失处理人员编制。编制记录中要如实记载货物损失及有关方面的当时状况,不得在记录中做损失责任的结论,记录各栏应逐项填记。

1.一般要求

编制货运记录要严肃认真,如实记载货物损失及有关方面的当时状况,不得虚构、假想和臆测,也不得在记录中做货物损失责任的结论以体现记录的真实性和准确性。记录用词必须准确、简练、明了,不能用揣测、笼统、含糊的词句。记录要能客观地反映出货物损失发生的原因和货物损失责任,使事故处理能够"原因明、定责准、结案快"。

货运记录各项应逐项填记。

"一般情况"栏,应根据运单及票据封套记载到达车次、实际作业时间,并逐项填记。

"票据原记载"栏,应按损失货物运单记事栏详细填写,如有货无票可填记"无票"字样。

"按照实际"栏,应按货物实际情况填写,凡经检斤的货物应在"重量"栏内加以注明。货物损失实际重量时,应对发生损失的货物和完整货物分别进行检斤,中途站只对成件货物中的损失货物进行检斤,填入记录的"按照实际"栏内。如有票无货,可填写"无货"字样。

"货物损失详细情况"栏,应记明以下内容:

(1)车辆来源及货运检查情况(货车车体、门窗、施封、篷布苫盖等情况);

(2)事故货件的真实状态和损失程度;

(3)货物包装、装载状态、装载位置和周围的情况;

(4)对事故货件的处理情况。

例题4-1 A站发往B站整车桶装洗涤剂,共900件,根据表4-1,编制货运记录中"货物损失详细情况"栏。

解:A站发B站整车桶装洗涤剂,苫盖D型篷布1张,且篷布无异状,号码7012345。送到卸车地点,会同收货人检查,车体完好,见该车运行后方顶部篷布有1处4000mm长破口,为新痕,会同公安、收货人共同卸车,见破口处相应货物凹陷,有(1500mm × 3500mm × 800mm)深坑,货物码放混乱。实卸货物870件,票记900件,不足30件。凹陷处可容不足件,车内卸空无残。保价6万元。要求赔偿1800元。

2.重点要求

编制货运记录应记明车(箱)体、门窗、施封或篷布的情况,货物包装及装载加固状态,损失货物的装载位置、损失程度等。

货物损失涉及重量的,应对发生损失的货物和完整货物分别进行检斤,中途站只对成件货物中的损失货物进行检斤,填入记录的"按照实际"栏内。

货物损失在二级以上或难以描述现场状况和列明责任时,须用影像资料留存现场关键证据,为货物损失处理提供依据。

(1)火灾。

货车种类、编挂位置、牵引机车类型、邻车情况、起火部位、被烧货物装载位置,车辆防火板规格及技术状态,可能造成火灾的各种迹象。

货物在货场内存放时发生火灾,应记明仓库、雨棚、相邻设备及周围堆放货物等情况、货位原来堆放何种货物和火源等。

以上情况下均要记明火灾发生和扑灭的时间,被烧货物状态。

(2)被盗和丢失。

被资货物装载或堆放位置,车(箱)内货物装载状态(是否装满),有无明显被盗痕迹,包装损坏状态,短少货物的具体品名、数量,涉及重量时应对货物进行检斤,并记明现有重量。

能否明显发现棚车车门已被开启。车窗处被盗丢失,应记明货物装于车窗位置以及该车窗锁闭状态。货车两侧或一侧上部施封时,应记明下部门扣是否损坏、施封的站名和号码。车门缝处货物被盗,应记明货物现状。

货物由敞车装载的,要记明表层货物现状和篷布、绳网苫盖状态。篷布、绳网有破口时,应记明破口位置、尺寸、新痕和破口处货物的现状。

货物由集装箱装载的,应记明现有数量或短少数量、箱号、箱体和箱门状态。

(3)损坏。

①货物的损坏程度、部位、尺寸、新痕,包装材质,储运图示标志,装载方法,货物码放位置,周围货物、衬垫情况及接触本批货物的车地板、端侧墙状态。

②货物破损变形应记明货物现状,与破损货物接触的货物有无窜动或冲撞痕迹,包装损坏状态、破损部位、内货固定及衬垫情况,加固材料质量、加固方法,包装上标明的装卸方式。

③货物变质应记明运单上货物的容许运输期限,实际运到时间、记事栏内容,货物包装、内部衬垫现状,货物堆码方式,变质货物位置,损失数量和程度。

④机械设备包装破损,底托带、支架立柱、横梁等有折断或变形,以及围衬材料破损、脱落、丢失,应对该处货物裸露部位表面进行检查,记明现状。

⑤湿损货物在货车或集装箱内的装载位置、湿损数量,可判明湿损程度时应记明湿损程度。货物由棚车、集装箱装运的,应记明车体或箱体不良部位、状态和尺寸,是否透光,定检修单位和检修时间;敞车装运且苫盖篷布的应记明货物装载状况、篷布质量、苫盖、绳索捆绑等情况,以及篷布所属单位。

⑥机械冷藏车装运的货物应记明车内外温度、货物温度,车门胶条密封、包装及内部衬垫现状。乘务员出具的普通记录证明和机械冷藏车作业单作为附件。

⑦货物被污染应记明污染物(源)名称、位置、面积、包装情况,污染物(源)与被污染货物距离,被污染货物的数量和程度,车内外是否贴有"洗刷除污"标签及车内清洁,衬垫情况。

(4)集装货物。

外部状态发生被盗、丢失、损坏可比照②、③项内容填记,还应记明集装用具状态,堆码方式。货物散落时,应检查清点并记明现有数量,若无法清点数量的可检斤并记明全批货物的复查重量。集装货物拆盘(捆)卸车时,要对每盘(捆)件数进行清点。

(5)其他。

票货分离应记明票据来源、票据记载内容或货物(车)来源,以及标记内容。对无标记的货物,应记明包装特征或具体货物品名、件数和重量。

误运送应记明判明误运送的依据,货物(车)的发站及正确到站。

到站卸车发现货物包装完整,件数相符,重量短少或多出,支付时收货人提出检斤或指出包装有异状,经检斤发现重量不足或发现内品短少,编制货运记录,由到站调查处理。

勘查情况应如实记载,损失较大或难以判明责任时,要充分利用现代化设备(照相机、摄像机等)留存关键证据,为货物损失处理提供依据。

货运记录见表4-3。

货 运 记 录　　　　　　　　　　表 4-3

(　　　)

No. _____

一、一般情况（补充编制货运记录时记入　补充_____公司　站所编第_____号_____记录）

办理种别 ___整车___ 运单号码_____ 于____年____月____日承运
发　　站___发公司___托运人_____装车单位_____
到　　站___到公司___收货人_____卸车单位_____
车种车型 ___P60___ 车　号_____ 标　重 ___60___ 吨
____年____月____日 第 _44019_ 次列车到达
____年____月____日____时____分卸车____月____日____时____分卸完
封印：施封单位 ___S/___ 施封号码 ___018855/___
篷布：篷布号码_____ 保价/保险_____货物价格 ___80万___元

二、货损情况

项目	货物名称	件数	包装	重量(kg)		托运人记载事项
				托运人	承运人	
票据原记载	电视机	204	纸箱	3000	3000	保价80万元
按照实际	电视机	196	纸箱		未检	
货物损失详细情况	M站发J站整车,货检列车两侧SX站补封2枚,封号018855,018858,有S站002156号普记在案,会同公安共同拆封开启车门,车门处有3m×2.5m×1m的空隙,上货3个高自码,实卸电视机196台,较运单记载204件不足8件,车门口空隙可容短少货件					

三、参加人签章
车站负责人_____ 编制人_____ 审核人_____
公安人员_____ 收货人_____ 其他人员_____

四、交付货物时收货人意见
_____
____年____月____日货运记录(货主页)已交由领取。

____年____月____日编制　　　　　_____公司____站(章)

例题4-2 砀山站1998年6月9日承运到荆门站(运价里程883km)鲜梨一车,货票号码55001,件数1200件,纸箱包装,重30t,托运人砀山县梨场,收货人荆门市果品公司。托运人在运单托运人记事栏内注明容许运输期限9日,保价金额7万元。装P62型3105678,施封两枚,封印号码F00001,F00002。该车1998年6月17日16时10分到达襄樊北站时,列车进向左侧施封(F00001)丢失,襄樊北站编第12345号普通记录,补封一枚(号码

F10002)继运。6月20日17时30分到达荆门站,到站货检门关闭无异状,施封良好,开启车门见车底板有积水,纸箱包装有不同程度受潮,车容未满,卸后清点件数为1180件,较运单记载短少20件,开箱检查内货全部腐烂,收货人称货物价值105000元,回答:

1. 编制补封记录应说明的主要内容。

2. 编制货运记录应说明的主要内容

解:(1)记录内容除按记录各栏填写外,详细说明现车施封状况和补封印号码。

(2)货运记录除按规定填记完整外,损失详细情况应说明:

①实际封印及票据及补封记录记载情况;

②车辆货检状态;

③货物包装及车内装载情况;

④货物容许运到期限和实际运输时间;

⑤货物损失情况。

知识点3 普通记录的编制

一、普通记录的作用

普通记录(表4-2)是货物在运输过程中发生换装、整理或在交接中需要划分责任以及依照其他规定需要编制时,当日车站按规定在货运站系统、货检系统、现车系统、集装箱系统编制普通记录。普通记录可作为现状交接证明,它是一般证明文件,不能作为要求赔偿的依据。

二、普通记录的适用范围

普通记录作为现状交接证明,遇有下列情况之一,须在当日按批(车)编制普通记录:

(1)发生《货规》《管规》及其引申规则办法中所规定需要编制的情况时;

(2)货物损失涉及车辆技术状态时;

(3)货车发生换装整理时;

(4)集装箱封印失效、丢失或封印站名、号码与票据记载不一致或未按规定使用施封锁时;

(5)卸车(换装)发现货物件数较票据信息多出时;

(6)依据其他有关规定,需要证明时。

在办理货运检查交接作业时发现问题,按规定拍发的交接电报应视为普通记录。

三、普通记录的编制要求

1. 一般要求

编制普通记录要严肃认真,如实记载有关情况。无运转列车长值乘的列车,接方进行货运检查发现问题后,按规定拍发的电报应作为有列车长值乘时交方出具的普通记录。

2. 重点要求

应记明交接时货车车体、门窗、施封或篷布、绳网的现状、货物包装,及装载加固状态。

（1）货车封印失效、丢失、封印无法辨认时,应记明丢失、失效和无法辨认的站名或号码的具体情况。

（2）封印的站名或号码与货运票据信息或补封记录记载不符时,应记明封印实际的站名或号码。

（3）施封的货车未在货运票据信息上记明施封号码时,应记明现车施封状况。

（4）车辆技术状态不良时,应记明车种、车型、车号和车辆不良的具体情况,检修单位名称及年月。

（5）发现货车两侧或一侧上部施封时,应记明下部门扣是否已损坏。

（6）棚车车体及集装箱专用车、平车装运的集装箱箱体发生损坏时,应记明损坏位置、尺寸、新痕旧痕和箱号。

站车交接中发现的问题按规定拍发电报。电报内容除包括普通记录反映的情况外还应记明列车的车次及到达时间,货车的车种、车号,以及发现的问题的简要处理情况(表4-4)。铁路传真报见表4-5。

普通记录

表4-4

No. _____

发站 _____ 发公司 _____ 托运人 _____
到站 _____ 到公司 _____ 收货人 _____
运单号码 _____ 车种车型 _____ 车号 _____
货物名称 _____
于 __ 年 __ 月 __ 日 __ 时 __ 分 第 __ 次列车到达

	新车号1		新车号2		新车号3	
	新封号1		新封号2		新封号3	
	新重量1		新重量2		新重量3	
发生的事实情况或车辆技术状态						
			厂修			
			段修			
			辅检			

参加人员:

车　　站:

车 辆 段:

其　　他:

单位戳记

年　　月　　日

注:1. 带号码的普通记录,编制单位打印存查,接方打印留存作为证明。

2. 普通记录号码由系统自动生成。

铁 路 传 真 报

表 4-5

签发：		核稿：		拟稿人：		电话：		
发报电名	电报号码	等级	受理日	时分	收到日	时分	值机员	

主送：白浪站货安室

抄送：

报文：

　　贵站发我站一车篷布，车号：3413715，施封号：27481/27483，车门、车窗关闭良好，没有异状，运单记载64床篷布，卸车时清点为63床篷布。

特电告

武昌东站货运安全室

2019 年 8 月 10 日

单元3　货物损失处理作业

知识点 4　**货物损失处理程序**

　　货物损失处理作业包括货物损失发现和现场处理、货物损失调查与定责分析、货物损失赔偿与诉讼、货物损失统计、无法交付货物和无标记货物等。

一、处理程序

　　货物损失处理作业程序如下：

　　1. 货物损失发现和现场处理程序

　　抢救处理→货物损失报告→货物损失勘查→货物清理→收集资料→编制货物损失报告。

　　2. 货物损失调查与定责分析

　　现场核实→编制货运记录→确定货物损失种类、等级→拍发货物损失速报→损失调查→查询答复→损失原因和程度鉴定→划分承运人与托运人、收货人责任→划分承运人内部责任→过失责任分析。

　　3. 事故赔偿与诉讼程序

　　审核资格→审核资料→赔偿与清算→诉讼。

　　4. 事故分析与统计程序

　　损失统计→数据上报。

　　5. 无法交付货物和无标记事故货物的处理程序

　　编制记录→收集保管→查询及处理→报批变卖。

　　事故处理的详细作业内容和要求可参见《铁路货运事故处理作业》和货物损失处理作业程序图，如图4-1 所示。

货物损失处理作业

货物损失发现和现场处理
　一、发现货损
　　1.抢救处理
　　2.报告货物损失
　二、现场处理
　　3.货物损失勘查
　　4.货物清理
　　5.收集资料
　　6.编制货物损失报告

货物损失调查与定责分析
　三、编制记录
　　7.现场核实
　　8.编制货运记录
　四、拍发速报
　　9.确定货物损失种类、等级
　　10.拍发货物损失速报
　五、货损调查
　　11.损失调查
　　12.查询答复
　六、货损鉴定
　　13.损失原因和程度鉴定
　七、货损定责
　　14.划分承运人和托运人,收费人责任
　　15.划分承运人内都责任
　　16.过失责任分析

货物损失赔偿与诉讼
　八、受理赔偿
　　17.审核资格
　　18.审核资料
　九、办理赔偿
　　19.赔偿与清算
　十、诉讼处理
　　20.诉讼处理

货物损失统计
　十一、货损统计
　　21.损失统计
　　22.数据上报

无法交付货物和无标记货物处理
　十二、发现两无货物
　　23.编制记录
　　24.收集保管
　十三、两无货物处理
　　25.查询处理
　　26.报批变卖

图 4-1　货物损失处理作业图

二、货物损失处理工作要求

1. 铁路货物损失处理工作应贯彻预防为主、及时处置、优质服务的方针,本着对托运人和收货人高度负责的原则,对运输的货物采取必要的防范措施,确保货物运输安全。

2. 发现货物损失后,应积极采取保护措施,尽量减少损失,依据国家法律、行政法规和有关规章制度,查清事实和原因,秉公处理。

3. 处理货物损失应坚持"货物损失原因不查清不放过、责任者得不到处理不放过、整改措施不落实不放过、教训不吸取不放过"(简称"四不放过")的原则。

4. 对铁路责任货物损失,应先对外赔付,后划分铁路内部责任。

知识点 5　货物损失发现和现场处理

一、发现货损

1. 抢救处理

(1)发现火灾,罐车装运的压缩气体、液化气体泄漏,剧毒品、爆炸品、放射性物品被盗丢失等情况,应立即向公安和有关部门报告;遇有列车(或货车)火灾,还应向列车调度报告;

(2)查阅损失货(车)的运输票据信息,了解货物的具体名称及特性;

(3)将损失货物(车)与相邻货物(车)分离;

(4)及时组织卸车或将货物转移至安全地点。

2. 报告货物损失

发现货物损失及时报告并通知货物损失处理人员:

(1)发现一级损失,火灾,罐车装运的压缩气体、液化气体泄漏,剧毒品、爆炸品、放射性物品被盗丢失以及估计损失款额达到一级损失等情况时,应在 1 小时内逐级报告;

(2)发现货物被盗、火灾等情况,应立即向公安、消防部门报案;同时向上级主管部门或人员报告;

(3)涉及铁路交通事故的,应通知铁路局集团公司列车调度、安全监督管理部门;

(4)涉及车辆技术状态的,应通知车辆部门;

(5)涉及活动物死亡和食品污染变质的,应通知防疫、检疫部门;

(6)涉及海关监管的货物,应通知海关监管部门;

(7)涉及环境污染的货物,应通知环保部门;

(8)必要时还应通知托运人或收货人。

二、现场处理

1. 货物损失勘查

1)火灾

货车:查明火灾列车车次、货车种类、到达时间、编挂位置及上一责任货检站检查情况、邻车情况、牵引机车类型;查看车内货物装载现状、起火部位、四周货物烧损情况;了解货物装载(苫盖物)高度;可能造成起火的各种迹象;火灾发现和扑灭时间,被烧货物烧损状态。

(1)棚车:检查车体、门窗关闭状态、施封加固及烟囱口关闭情况,并妥善保管封印;

(2)敞车:检查篷布苫盖、绳索捆绑状态,货物装载加固,包装、衬垫材料等情况;

(3)集装箱:检查箱体状态、箱门朝向、箱门关闭、施 封加固情况。

货场:

(1)损失货物所处位置;

(2)着火点货位原来堆放何种货物和火源,仓库、雨 棚、相邻设备及周围堆放货物等情况;

(3)货物入库(区)时间和货物交接检查情况;

(4)损失货物存放地点电线、灯具情况;

(5)装卸作业用的叉车、吊车等作业机具的防火情况;

(6)有无闲杂人员出入;

(7)查明火灾发现和扑灭时间,被烧货物烧损状态。

例题4-3 乌北站4月8日承运到南平站整车棉花1车,车号P613064221,保价20万元,施封两枚15401号、15402号,封锁于4月9号挂出;该车4月17日3时20分到达南平站,3时40分发现车门一侧从隙缝中向外冒烟,经报警后由地方消防部门及时施救,货物损失50%以上,当日到站拍发51号货物损失速报主送装车站调查;4月20日乌北站派员至南平站货损现场。

问:货运部门对货损现场的勘察和调查的主要内容是什么?

解:货损现场勘察和调查的主要内容:

(1)该车两枚施封锁是否齐全,拆封是否规范;

(2)货物损失程度;

(3)车体门、窗扣、锁、销状况;定检修期限、单位;车底板接缝隙尺寸;

(4)车内起火部位;

(5)车底防火板长、宽、厚;

(6)货车到达、作业时间及地点;

(7)灾情发现时间、扑来时间及地点;

(8)灾情发现人的情况报告(书面或笔录的);

(9)施救措施是否得当、残留货物是否妥善保管。

2)被盗、丢失

发现货车内货物被盗丢失时,查明编挂列车车次、到达时间、开始作业和卸车完了时间、编挂位置及上一责任货检站检查情况;车(箱)体状态、施封状态;查看车内货物装载现状,车(箱)内货物装载状态,是否装满(能否容下少件),有无明显被盗痕迹,包装破损内货短少时,查看破损货件装载位置,破口尺寸,短少货物的具体名称、数量(无法判明短少数量时,查看现有数量或现状),涉及重量时应检斤,并记明现有重量。

(1)棚车、冷藏车、罐车:检查车体、门窗关闭状态、施封加固情况。其中棚车装运的,车窗处被盗丢失时,查看货物装于车窗位置以及该车窗锁闭状态;货车两侧或一侧上部施封时,查看下部门扣施封损坏、封印的站名和号码;车门缝处货物被盗割的,查看货物现状。

(2)敞车:检查篷布苫盖、绳索捆绑状态,货物装载情况,表层货物现状,篷布有破口时,检查破口位置、尺寸,新旧痕迹和破口处货物的状态,对篷布绳索明 显被割或割断后再接的,也要如实记明绳索现状。

(3)集装箱:检查箱体、箱门朝向、箱门关闭、施封加固及集装箱在车内的装载位置和箱距,箱内货物装载现状及容积,箱体及其配件技术状态,破损部位的尺寸、新旧痕迹和箱门密封情况。

发现货场内货物被盗丢失时,查明货物入库区时间、作业班组、作业货运员及在库区的交接情况,包装破损内货短少时,查明损失货件在库区堆码情况及周围货物出库情况。

3)损坏

(1)破损、湿损类损坏。

①货物现状、破损程度、货物位置、码放地点及周边货物现状、有无碰撞痕迹、接触货物有无窜动或冲撞痕迹;

②包装损坏状态、破损部位,内货固定及衬垫情况,包装是否符合规定;

③篷布质量和苫盖、捆绑加固状态;

④加固方法是否符合规定、加固材料及质量是否符合方案要求;

⑤是否有包装储运图示标志,是否按包装储运图示标志装载堆码,起重工具及吊卸方式是否符合规定;

⑥查明卸入库区时间、库区货运员的交接检查情况;

⑦发生湿损检查货车(箱)定检及是否透光和罐体状态、阀门关闭情况;

⑧涉及车辆技术状态时,应注明车辆检修时间、检修单位,通知车辆部门检查。

(2)变质类损坏。

检查运输票据记载事项及承运、装车、挂运和到达、卸车时间,有无标记,变质货物位置及损失数量和程度。

①机械冷藏车(箱):

a.检测车(箱)内外温度、货物温度、车(箱)门胶条密封现状、施封情况;

b.检查车(箱)内货物装载是否符合规定、包装及内部衬垫是否符合要求;

c.了解仓储地点与装车地点的距离和装车情况及机械冷藏车机组检查、运输、操作控温等作业情况。

②棚、敞车:

a.根据货物性质,检查装载方法、包装及内部衬垫是否符合要求;

b.检查是否符合棚、敞车装运易腐货物条件;

c.确认是否按规定采取防寒、加温、保温、通风、隔热措施。

(3)活动物死亡。

a.检验死亡原因,检查检疫证明的名称和号码;

b.核实运输条件、沿途上水情况、容器质量及装载密度;

c.核实发站承运、装车、挂运、到达时间及车辆隔离情况。

(4)植物枯死。

a.核实运输条件,了解枯死原因;

b. 发站承运、装车、挂运、到达时间;

c. 检查装载方法、包装,清点植物枯死数量,了解承运时的质量。

(5)污染类损坏。

a. 查明被污染货物和污染源的名称、包装、装载情况和污染数量、程度;

b. 检查车内外是否贴有"洗刷除污"标签及车内清扫、衬垫情况;

c. 查明货物性质及车辆来源;

d. 查明货物损失货物卸车、入库时间及库区货运员交接情况、货物损失货件堆放位置、原堆放何物和性质及相邻货物情况;

e. 查明货物损失货件在库区的码放位置、包装及漏失情况;

f. 粮食、食品染毒或人员中毒时,保留原车。

4)其他

(1)货物与票据信息不符。

①发现货物与票据信息不符时,应及时查明有关情况,分析原因,落实责任,按照铁路货运票据电子化作业相关规定处理;

②无标记货物,应查明包装特征或具体货物名称、件数和重量。

(2)误运送。

①查明判别误运送的原因(是否为承运人责任);

②作为货物所在站,查明货物(车)的发站及正确到站;

③作为发站,以铁路传真电报方式通知货物(车)的所在车站,向正确到站回送。

(3)误办理。

①查明正确到站、收货人;

②核实票据信息并与托运人取得联系,取得有效证明文件;

③通知货物(车)的所在车站,告知正确到站或收货人。

(4)误交付。

①查明货物卸车时间,票据信息传递、交接情况;

②核实货物运单记载的收货人信息;

③核实交付手续及领货人提供的证明文件是否符合规定;

④追查货物下落;

⑤有诈骗嫌疑的及时向公安部门报案。

(5)误编、伪编、不编、迟编记录。

查明原因,实事求是向有关站说明情况。

2. 货物清理

(1)依据票据信息、物品清单或箱标记载,清点损失货件,做出物品损失清单或现有物品清单;

(2)损失货件与完整货件分别码放;

(3)损失货物涉及重量的,将发生损失的货件和完整的货件分别检斤,中途站只对成件货物中的损失货件进行检斤;

(4)妥善处理货物损失现场的残货、残渣。

3.收集资料

（1）收集各种原始纸质资料、单据、封印、照片等；

（2）收集货物损失货车到达时间、货运检查、送入卸车地点、时间、货车作业时间、班组、人员等资料；

（3）涉及车辆技术状态时，收集车辆部门的检查记录；

（4）涉及检疫、防疫、公安、海关等部门时，收集相应的证明材料。

4.编制货物损失报告

（1）货运员根据货物损失勘查内容，逐项填写货物损失报告，由货运值班员对报告中的事实和内容进行审核并签字后，连同与货物损失有关的材料、施封锁、损失照片等在发现当日送交理赔安全室；

（2）物流企业（包括铁路物流企业或铁路运输企业委托的社会物流企业）在接取送达过程中发现货物损失时，应由物流企业相关人员对发生损失货物情况拍照留存，并编制货物损失报告交车站货运值班员审核并签字后，连同货物损失现场照片一并交车站理赔安全室；

（3）其他有关人员会同检查的，应在编制的货物损失报告上签字，同时注明所属单位名称。

知识点6　货物损失调查与定责分析

一、编制记录

1.现场核实

（1）货物损失处理人员接到货物损失报告后，要核实货物损失报告各栏填写是否齐全正确，相关资料是否齐全，必要时，要到现场核对损失货物；

（2）涉及车辆、集装箱、篷布问题时，要核对保留的货车、集装箱、篷布等；

（3）对收集的有关资料进行核实。

2.编制货运记录

（1）根据货物损失报告，编制货运记录；

（2）将货物损失报告上的其他相关人员签名转录在保价系统中货运记录相应栏内；

（3）到站卸车时，遇附有发站或中途站编制的货运记录，无论情况是否相符，均应重新编制货运记录交收货人，原记录打印留存；

（4）通过保价系统打印的货运记录（货主页）加盖货物损失处理专用章和带有所属单位名称的人名章后生效。非系统打印、有涂改或手写的货运记录无效。

二、拍发货物损失速报

1.确定货物损失种类、等级

（1）确定货物损失种类；

（2）根据货物实际价值和货物损失程度估算损失款额。

2.拍发货物损失速报

（1）发现火灾和罐车装运的压缩气体、液化气体泄漏以及剧毒品、爆炸品、放射性物品被盗丢失以及估计损失款额达到一级损失等情况时,应在 1 小时内逐级报告,并在 24 小时内向有关车站、直属站段、铁路局集团公司和有关铁路公安部门以电报形式拍发货物损失速报,并抄报国铁集团货运部;

(2)货物损失速报要经车站主管领导审核签发;

(3)货物损失速报拍发后,及时录入保价系统并传输,同时确认传输成功。铁路传真电报如图 4-2 所示。

签发:　　　　　核稿:　　　　　拟稿人:　　　　　电话:

发报电名	电报号码	等　级	受　理　日	时　分	收　到　日	时　分	值　机　员

主送:A站、××车务段、××铁路局集团公司
抄送:国铁集团、××铁路

货物损失速报

(一)一级。丢失;

(二)××年3月20日B站;

(三)A站,B站,发电机组,××年3月15日;

(四)P$_{60}$3100124,78335,整车,保价55万元;

(五)卸车发现上记有票无货,详见B站08号货运记录;

(六)望A站提出处理意见,复有关。

B站第××号电

××年03月20日

图 4-2　铁路传真电报

三、货损调查

1. 损失调查

(1)发站编制的货运记录,由发站负责处理,如确实无法联系托运人时,应在货运记录编制当日将案卷传输到站处理。

(2)中途站编制的货运记录,应在货运记录编制当日将案卷传输到站处理,并向有关站调查,同时告知发站。

(3)到站编制的货运记录应在货运记录编制当日将案卷传输发站及有关站调查。

(4)一件货物损失涉及两个以上责任单位时,同时送查责任单位,抄送有关单位。

(5)货物损失调查时调查所需资料文档应一次性使用相应设备录制电子文档,在保价系统内加载。一辆货车内多批货物发生损失时,所需资料应分别录制并加载。

(6)调查案卷传输后,收货人领取货物时表示无意见,及时通知有关站结案。件数不足的货物补送齐全,在向收货人补交时收回货运记录(货主页),及时通知有关站结案。补交时发生损失的,应重新编制货运记录并调查,案卷应与前案并案处理。

(7)整车货物变更到站,新到站检查发现货车封印或货物装载状态有异状,货物发生损失时(包括附有变更站或中途站记录的),案卷传输变更站及有关站调查。

2. 查询答复

(1)车站接到调查案卷后,应核对所附材料是否齐全、正确,接到的纸质速报和查询电报,应于当日在收件上加盖收文日期戳,登记于"货物损失(记录、调查、赔偿)登记簿"(见

表4-6)、"货物损失速报登记簿"内；

货物损失（记录、调查、赔偿）登记簿　　　　表4-6

运单号码	记录			发站	到站	货物名称	损失种类	损失等级	办理种别	车种	车号	投保种类	投保金额（元）	赔偿									记事
	编制日期	编制站	号码											提赔人	提赔款额（元）	受理日期	结案日期	核赔款额（元）	赔通号码	办赔日期	办赔单位	责任单位	
1	2	3	4	5	6	7	8	9	10	11	12	13	14	15	16	17	18	19	20	21	22	23	24

（2）填制查询答复书，向作业人员、班组调查货物承运、装车、挂运等情况，依据调查的情况，按章进行答复。

四、货物损失鉴定

（1）根据货物损失性质、包装等情况，鉴定货物损失发生原因、包装质量和损失程度；

（2）货物损失鉴定时，车站应会同收货人（托运人）或物流企业进行，必要时邀请有鉴定能力的第三方机构进行鉴定；

（3）货物损失鉴定在发生（发现）站现场就地进行，在现场难以鉴定时，经与收货人或托运人协商同意后，可以移至适当的场地进行鉴定；

（4）由于货物染毒或危险货物发生货物损失，造成人员伤亡时，应通知劳动保护等有关部门；

（5）车站组织货物损失鉴定时应由货运负责人、货物损失处理人员等两人以上参加鉴定。

五、货损定责

1. 划分承运人与托运人、收货人责任

（1）依据《中华人民共和国合同法》《中华人民共和国铁路法》《货规》等有关规定，划分承运人与托运人和收货人之间责任；

（2）属于承运人责任时，应主动承担责任；

（3）涉及托运人、收货人责任和铁路局集团公司以外其他部门（包括社会物流企业）责任时，由到站（铁路局集团公司）处理，有关站（铁路局集团公司）应积极配合。

2. 划分承运人内部责任

（1）货物损失调查定责工作由到站（中途终止运输的，为货物终止运输站）、到达铁路局集团公司负责。

①发现一级损失时,发现铁路局集团公司应立即深入现场组织处理,涉及其他铁路局集团公司责任时,自拍发货物损失速报之日起在 10 日内组织召开货物损失分析会,做出会议纪要;有关铁路局集团公司按相关要求派人按时参加货物损失分析会,对货物损失共同分析。

②发站承运后装车前、货物承运前在车站仓储或货物仅在车站仓储的,定责工作由发站或仓储办理站负责。

(2)对货物损失定责意见有争议,经一次往返查复不能取得一致时,争议单位应在收到对方查复书 3 日内向到站提出要求裁定的查复书,并按下列规定办理:

①轻微损失责任,到站应在收到要求裁定的查复书之日起 3 日内裁定。

②三级损失责任,到站应在收到要求裁定的查复书之日起 3 日内将定责意见上报主管铁路局集团公司,由到达铁路局集团公司裁定。

③二级损失责任,到站应在收到要求裁定的查复书之日起 3 日内将定责意见上报主管铁路局集团公司,由到达铁路局集团公司与相关铁路局集团有限公司协商,到达铁 路局集团公司裁定。

④一级损失责任,到达铁路局集团公司应将定责意见 连同会议纪要等材料上报国铁集团货运部裁定。

货物损失查复书见表4-7。

货物损失查复书   表 4-7

主送:＿＿＿＿＿＿＿＿＿＿＿

抄送:＿＿＿＿＿＿＿＿＿＿＿   第＿＿＿＿＿号

记录 编制单位		记录 编制日期		办理种别	
记录号码		车种车型 车号		运单号码	
发站		到站		货物名称	
损失种类		保价(险) 金额(元)		货物损失款额(元) /全批价值	

＿＿＿＿＿＿(单位)＿＿＿年__月__日查复书接悉

＿＿＿＿＿＿＿＿＿＿＿＿＿＿＿＿＿＿＿＿＿＿＿＿＿＿＿＿＿＿＿＿＿＿＿＿

＿＿＿＿＿＿＿＿＿＿＿＿＿＿＿＿＿＿＿＿＿＿＿＿＿＿＿＿＿＿＿＿＿＿＿＿

＿＿＿＿＿＿＿＿＿＿＿＿＿＿＿＿＿＿＿＿＿＿＿＿＿＿＿＿＿＿＿＿＿＿＿＿

＿＿＿＿＿＿＿＿＿＿＿＿＿＿＿＿＿＿＿＿＿＿＿＿＿＿＿＿＿＿＿＿＿＿＿＿

＿＿＿＿＿＿＿＿＿＿＿＿＿＿＿＿＿＿＿＿＿＿＿＿＿＿＿＿＿＿＿

公司   站(章)

年 月 日

例题4-4 2009年3月16日石家庄站发贵港站玉米一车,件数1000件,保价9万元,3月19日13:00分到达桂林北站,货检发现一侧无封,按规定补封并向上一责任货检站永州站拍发电报,3月21日到达贵港站,检查车门窗关闭好,施封有效。当日作业完毕。会同公安检查清点货物短少36件,到站按章编制货运记录。请根据有关规章进行列责和赔偿。

解: 根据《损规》规定:发生被盗丢失,如以上一责任货运检查站责任补封的由上一责任货运检查站负责;施封的货车在途中发生补封,补封单位应按规定补封并拍发站车交接电报,如拍发的电报未按规定抄知发到站的,损失列责任单位,其货物损失由责任单位与补封单位共同负责。据此,该批货物损失责任应由桂林北站的上一责任货运检查站永州站负责;货物损失由永州站与桂林北站共同负责,各承担1620元。

例题4-5 吐鲁番站承运烟台站葡萄干整车1批,托运人、收货人均为个体经营者。该车运行到商丘站时,托运人向车站提出货物变更到麻城站的要求,同时出示电子领货凭证和货物运输变更要求书。车站经办人员审查后即将货物运单到站栏"烟台"改为"麻城"。麻城站卸车当日,托运人凭领货凭证将货物提取。次日,一持有领货凭证及个人身份证明的人员向麻城站办理领取货物手续。麻城站检查,比较发现前后两份领货凭证为同一运单号,但均没有站名戳记。

问:商丘北站办理货物运输变更存在哪些问题? 承运人责任的赔偿由谁承担?

解: (1)商丘北站在办理货物运输变更时存在的问题:

《货规》第40条规定:整车货物变更到站,受理站应报主管铁路局集团公司同意。商丘北站未报主管铁路局集团公司,显然属违章变更。变更后应以电报通知新到站及其主管局收入检查室和发站。商丘北站受理变更后未见拍发电报通知有关单位,显然是连续违章操作。

(2)承运人责任的赔偿划责

《损规》规定:"违反规定办理货物(车)变更,货物发生事故,由变更受理站负责。"领货凭证上未记明本批货物的运单号码,货物发生冒领或误交时,由发站和到站共同负责,货物损失列到站。本案例属运输货物被诈骗冒领,同时又发生途中站违章变更运输,因此,该货损应由吐鲁番站、商丘北站、麻城站共同负责,货物损失列麻城站。

例题4-6 郑州A公司在广州购买了100台空压机,广州南站承运后误将该批货物运到鹰潭南站;鹰潭南站编制货运记录按货物标签记载回送郑州东站。郑州东站实卸95件,其中2件损坏,按章编制记录送查鹰潭南站;经查短少货件未见他站补到;损坏货件由收货单位进行修理,2件修理费用分别为400元、600元,修理后分别售价800元、500元。后收货人向郑州东站提出索赔要求,并出示空压机价格证明每台为1000元,市内搬运费为3000元,货物保价金额60000元。

问:承运人内部责任如何划分?

解: 货物误运到站,回送过程中发生货损货差,属于回送站责任时,由误运站和回送站共同负责。本批货物由广州南站误运,鹰潭南站回送后发生货损,依上述规定,本案由鹰潭南与广州南共同负责,鹰潭南站统计货物损失件数。

例题4-7 广州南站2007年10月18日承运到成都东站搬家货物1批,件数13件,托运人申明货物价格12000元,并按12000元参加铁路保价货物运输,发站将该批货物组织成都东站整零,在运行至燕岗站,站车交接检查时发现货车一侧无封,该站立即补封一枚并向其上一检查站普雄站拍发电报,10月23日成都东卸见该批搬家货物短少3件,另见3件货物包装破损,内装私人物品均容未满,全批检斤重量与票据记载重量707kg不足305kg,当天编制货运记录详查有关单位在案,该批货物因无物品清单,交付时成都东站会同收货人对现有货物检查列出清单,经托、收货人联系列出原托运货物清单对照全批货物短少35443元,全批货物实际价值75200元。请说明此案如何划责。

解:该车到达燕岗站,站车交接检查一侧无封,燕岗站在规定的时间内补封,依《货规》规定该站车交接划责,应由上一检查站普雄站承责,广州南站承运无物品清单,造成到达站审核赔偿困难,依《损规》规定与普雄站共同负责,货损列普雄站。

3.过失责任分析

(1)过失责任的轻微、三级、二级货物损失,自接到案卷之日起(自站发现的自发现之日起)10日内,由车站主管站长主持召开分析会确定责任部门,以"货物损失责任分析报告表"(表4-8)上报主管直属站段、铁路局集团公司。

货物损失责任分析报告   表4-8

第_____号

记录编制单位		记录编制日期		办理种别	
记录号码		车种车型车号		运单号码	
发站		到站		货物名称	
损失等级		损失种类		货物损失款额(元)/全批价值	
责任单位及责任者					
责任者		责任部门	责任班组		责任款额(元)
货物损失概况					
改进措施					
责任单位领导及责任者处理结果					

_____公司_____站   ____年____月____日

（2）一级损失,自责任明确之日起10日内,由责任铁路局集团有限公司主持召开管内货物损失责任分析会,并将结果报国铁集团货运部。

（3）车站、直属站段、铁路局集团公司应按季度、年度对货运安全情况进行总结分析并逐级上报。

知识点7　货物损失赔偿与诉讼

一、受理赔偿

1. 审核资格

（1）审核赔偿要求人是否与货物运单记载的托运人或收货人一致;委托他人代理时应有委托书或委托证明;

（2）确定提出赔偿要求的时间是否在自车站交给货运记录货主页的次日起180日内;对超过有效期限的赔偿要求,受理站确认在有效期内提出过赔偿要求的,有效期应从提出赔偿要求的次日起重新计算;

（3）不属于承运人赔偿责任的,说明理由和依据,由受理站答复赔偿要求人。

2. 审核资料

（1）受理赔偿应审核以下资料:

①赔偿要求书;

②货运记录(货主页)原件;

③有效身份证明;

④其他必要的证明材料。

（2）审核无误后,向赔偿要求人出具加盖货物损失处理专用章的"赔偿要求书收据"。

（3）网上审核资料:通过铁路货运电子商务系统受理客户提出的赔偿要求时,经受理站审核后,需将受理情况以"客户通知书"告知客户。

二、办理赔偿

（1）经审核符合赔偿要求,按照办理权限办理赔偿,并填发"货物损失赔(补)偿通知书"(简称"赔通",见表4-9);

（2）按照"赔通"记载的同意赔偿的金额,以现金或通过银行支付给赔偿要求人;

（3）通过铁路95306网上办理赔偿的,应将"赔通"在铁路95306网上告知客户;

（4）办理赔偿时,应由单位或部门主管领导审核签字;

（5）凡由处理站(铁路局集团公司)最后确定责任的货物损失,责任站(铁路局集团公司)应尊重其处理意见,及时转账,不允许退回"赔通";

（6）铁路对托运人或收货人办理赔偿后,货物损失赔款由处理单位按国铁集团有关规定向责任单位清算;

（7）一批赔款额或铁路局集团公司间分摊后的款额不足1000元时,互不清算,由处理单位列销。

货物损失赔(补)偿通知书

表4-9

第_____号

主送:_____

关于_____年_____月_____日由_____站承运到_____站,办理种别_____,

托运人_____,收货人_____,

运单号码_____,货物名称_____,保价_____元,

发生_____货物损失,赔偿要求人于_____年_____月_____日,

要求铁路赔偿_____元一案,于_____年_____月_____日受理,

经审定同意赔(补)偿人民币_____元(大写)_____。

1. 请将上述赔款汇至:

户　　名:_____

开户银行:_____

银行账号:_____

2. 请持本通知书到_____财务领取。

收款人签字(盖章):_____

办赔单位:_____

办赔公司:_____

办赔日期:_____

编制人员:_____

抄送:_____

_____

例题4-8 计算【例题4-6】案例中的收货人直接损失金额,承运人应当赔付款额。

解:(1)收货人的直接损失金额:

货物实际价值:101500(元)。

货物价值:$1000 \times 100 = 100000$(元)。

包装费:$10 \times 100 = 1000$(元)。

已产生的短途运输费用:500(元)。

损失部分价值:

①丢失部分 $= 101500/100 \times 5 = 5075$(元)。

②损坏部分 $=$ 原价值1000元 + 修理费用600元 - 销售价值500元 $= 1100$(元)。

收货人的直接损失为6775(元)。

(2)承运人应当赔付款额:

①认定损失款额为6075元;依据《货规》第56条规定,丢失5件货物损失应认定为5075元,产生的修理费用为 $400 + 600 = 1000$(元)。

②按《铁路货物保价运输办法》规定,应赔 $60000/101500 \times 6075 = 3591.13$(元)。退还铁路运费部分:$3000/100 \times 5 = 150$(元)。

合计赔偿为 $= 3591.13 + 150 = 3741.13$(元)。

例题 4-9 2010 年 4 月 13 日,株洲站组织柳州东站一站直达整车,使用棚车运输,车内装运货物四批,均不是同一托运人和收货人。其中:电脑一批 200 件,重量 4000kg,货物价值 80 万元,保价金额 20 万元;针织品一批 500 件,重量 5000kg,货物价值 50 万元,保险金额 50 万元;机油一批 20 件,重量 2000kg,货物价值 30 万元;布匹一批 400 件,重量 40000kg,货物价值 40 万元,保价金额 20 万元。

该车 4 月 5 日 10:00 到达桂林北站,货检发现一侧车门无施封,按规定补封并向上一责任货检站发电报,4 月 6 日到达柳州东站,检查车门窗关闭好,施封有效。当日作业完毕。会同公安检查清点,其中,电脑 195 件;针织品 480 件;机油 2 件为空铁桶(包装陈旧,无防磨衬垫);布匹 5 件被机油污染,已无价值。到站按章编制货运记录。

问:(1)货损责任应如何划分?

(2)货物损失如何赔偿?

解:(1)货损责任划分。

①该车到达桂林北站检查发现一侧车门无施封,按规定补封并向上一责任货检站拍发了站车交接电报,但未抄知发、到站,到站卸检车门窗关闭好,施封有效,会同公安检查清点发现电脑实卸 195 件,较承运件数 200 件,短少 5 件;针织品实卸 480 件,较承运件数 500 件,短少 20 件,根据《损规》的规定:发生被盗丢失,如以上一责任货运检查站责任补封的由上一责任货运检查站负责;施封的货车在途中发生补封,补封单位应按规定补封并拍发站车交接电报,如拍发的电报未按规定抄知发、到站的,其货物损失由责任单位和补封单位共同负责。据此,该两批货物损失责任应由桂林北站的上一责任货运检查站永州东站负责;货物损失由永州东站与桂林北站共同负责。

②造成机油 2 件漏空的原因,是货物包装过于陈旧,且装车时又未采取防磨措施。根据《损规》规定:因货物无包装或包装有缺陷发生损坏,如属铁路责任的,由发站负责。据此,该批货物损失责任应由株洲站负责。

③布匹 5 件被机油污染,是因为机油漏出而装车时又未做好货物的隔离防护所致,根据《损规》规定:普零货物被同车其他批货物污染,如属铁路责任的,由装车站负责。据此,该批货物损失责任应由株洲站负责。

(2)货物损失赔偿。

①电脑短少 5 件,因不属于承运人的故意行为或重大过失,应按《货规》有关规定:保价运输的货物,只损失一部分时,按损失货物与全批货物的比例乘以保价金额赔偿。即保价货物赔偿金额:20000 元(部分损失)/800000(全批货物价值)×200000(保价金额)=5000 元。应由永州东站、桂林北站各承担 2500 元。

②针织品为保险货物,根据《最高人民法院关于审理铁路运输损害赔偿案件若干问题的解释》第四条的有关规定:保险公司按照保险合同的约定向托运人或收货人先行赔付后,对于铁路运输企业应按限额承担赔偿责任的,在足额保险的情况下,保险公司向铁路运输企业的追偿为铁路运输企业的赔偿限额。据此,该批货物应由保险公司先行赔付后,再向铁路运输企业追偿。

保险货物赔偿金额:20 件(短少数量)×1000 元(每件价值)=20000 元。

保险公司向铁路运输企业的追偿额:20 件(短少数量)×10kg(每件重量)×2 元(每吨

2000元折算后成每 kg 2 元)＝400元。应由永州东站、桂林北站各承担200元。

③机油不保价运输,应按《货规》有关规定:不保价运输的,按件数和重量承运的货物,每吨最高赔偿2000元。即2件(短少数量)×100kg(每件重量)×2元(每吨2000元折算成每 kg 2 元)＝400元。应由株洲站承担赔偿责任。

④布匹5件被机油污染,是因为装车站在装车时未做好货物的隔离防护,由于承运人不作为或轻率地作为,致使布匹被机油污染,属于责任人重大过失责任,应按货物实际损失的价格赔偿。即5件(短少数量)×1000元(每件价值)＝5000元。应由株洲站承担赔偿责任。

三、诉讼处理

(1)赔偿要求人向法院提起的诉讼案,由被告单位出庭答辩;

(2)涉及被告单位以外的铁路其他单位责任时,被告单位应通知有关单位提供答辩意见和相关证据;

(3)法院一审判决后,是否需要上诉,被告单位应与有关单位商定后决定;

(4)法院调解或判决承运人责任生效后,由被告单位先行垫付铁路承担的款额。涉及被告单位以外铁路其他单位责任时,应根据法院的调解或判决和《损规》有关规定确定责任。

知识点8　货物损失统计

一、损失统计

对于货物损失,均应按规定逐件统计;

(1)由于自然灾害、火灾、行车原因,在同一车站(区间)、同一列车内、同一时间发生的多批货物损失应按一件统计;

(2)一件损失由几个责任单位共同承担时,货物损失件数由主要责任单位统计;

(3)无主要责任单位的,除另有规定者外,按造成货物损失的车站顺序,由第一个责任单位统计;

(4)货物在接取时发生的责任货物损失,由发站统计;货物在送达时发生的责任货物损失,由到站统计;货物承运前和交付后仍在车站仓储或货物仅在车站仓储时发生的责任货物损失,由仓储办理站统计。

二、数据上报

(1)车站、直属站段、铁路局集团公司应按月统计货物损失;

(2)于次月5日前在保价系统中统计生成货物损失统计报告和"货物损失综合统计分析报告表"(见表4-10);

(3)过失责任的货物损失单独统计。

货物损失综合统计分析报告表　　　　　　　表 4-10

_____公司_____站(段)　　　统计时间:_____年_____月_____日

安全天	无过失责任货物损失____日							两无货物	上月结存____批		本月处理____批	
	无责任一级货物损失____日								本月发生____批	其中	物归原主____批	
货运记录	编制	份数	其中					其中	无法交付____批		变卖款____元	
			火灾	被盗	丢失	损坏	其他		无标记____批		本月发出无人领取通知书____份	
	自站							自站责任原因分析和对策及其他:				
	他站											
	其中											
	自站责任											
受理赔偿	类别	批数	赔款(元)		平均赔偿期							
	保价赔偿											
	保价补偿											
	非保价赔偿											
损失责任	类别	件数	责任赔款(元)		过失责任赔款(元)							
	保价损失											
	非保价损失											
	保价补偿											
	保价收入____元		保价损失赔付率_____%									
	发送货物总计:_____批、_____吨											

填表人:　　　　　　　　　　　　　　　　　　　编制日期:____年____月____日

　　　　　　　　　　　　　　　　　　　　　　　规格:A4 纸竖印(210mm×297mm)

知识点 9　无法交付货物和无标记货物

一、无法交付货物和无标记货物简述

无法交付货物和无标记货物(简称"两无货物")。

1. 无法交付货物

无法交付货物指承运人无法向正当收货人进行交付的货物,下列货物为无法交付货物:

（1）从承运人发出领货通知次日起(不能实行领货通知的,从卸车完了的次日起),经过查找,满30日(搬家货物满60日)仍无人领取的货物。

（2）收货人拒领,托运人又未按规定期限提出处理意见的货物。

（3）赔偿后又找回但收货人拒领的货物。

到站应做好货物到达后的催领和交付工作。收货人拒领时,应出具书面证明,到站自拒领之日起,3日内通知托运人和发站征求处理意见,托运人自接到通知之日起,30日内未提出处理意见答复到站的货物。

2. 无标记货物

无标记货物指货物没有标记(货签),无法判明发到站及托运人、收货人而无法回送、交付的货物。下列货物为无标记货物:

（1）清仓(库、区)、清扫车底检查发现的无标记货物。

（2）在铁路沿线拣拾以及公安部门交给车站的无标记货物。

（3）车站内散落的零件、货底以及其他无票、无标记的货物。

为防止无标记货物的产生,首先,要在发站做好承运前的货物检查工作,不符合规定的货物不能接收。其次,承运人要加强运输中各环节各工种之间的交接验收,建立明确的运输票据和货物交接责任制,加强仓库、货区的管理制度。两无货物的产生,会给国家、人民财产造成不必要的损失,因此对两无货物的处理要抱着认真负责的态度,坚持"妥善保管、物归原主、合法移交、按章处理"的原则。

二、发现两无货物

1. 编制记录

（1）对于两无货物,按批编制货物损失报告,报告理赔安全室。

（2）理赔安全室根据编制的货物损失报告,审核无误后按批编制货运记录。

2. 收集保管

（1）确定为两无货物后,实行分区管理,隔离设置,编号单独存放;

（2）根据编制的货运记录,按编制时间顺序登记于"两无货物登记簿"内;

（3）两无货物应及时登记入账,妥善保管。

三、两无货物处理

1. 查询处理

（1）查询。

①经核查凡能判明发、到站或托运人、收货人的,或其他单位认领的无标记货物,应拴挂"损失货物标签"(图4-3),凭货运记录向正当发站或到站回送;

②对不能判明发、到站或托运人、收货人的无标记货物,应在车站货运负责人、货物损失处理人员等不少于3人的情况下开包装检查,寻找能正确交付的线索。

（2）处理。

①自编制货运记录之日起经查找30日仍无线索,填写"无标记(无法交付)货物处理书"(见表4-11)上报主管铁路局集团公司;

图 4-3　货物损失标签

_____公司

无标记(无法交付)货物处理书　　　　　　　　　表 4-11

下列货物根据_____公司___年___月___日第_____号通知处理

货运记录号码	货物名称	件　数	重　量	单价(元)	实际处理价格(元)	记　事

于___年___月___日有价(无价)移交有关部门,费用以第_____号发票核收。

处理站(印章)_____经办人(印)_____收购单位(印章)

　　②发到站收到他站回送的两无货物后,应核对现货、登记立卷,对照本站自编和他站的调查货运记录;

　　③能判明收货人或托运人的,应联系收货人或托运人处理;

　　④不能判明的,应填制"无标记(无法交付)货物处理书"上报主管铁路局集团公司。

(3)对鲜活、易腐等不宜长期保管的货物,由车站及时联系铁路局集团公司请示后,及时处理。对易燃、易爆、放射性、剧毒物品等按照《铁路危险货物运输管理规则》有关规定及时办理。

2. 报批变卖

(1)报批。

"无标记(无法交付)货物处理书"经直属站段两无货物管理小组审核后,按规定上报主管铁路局集团公司审批。

(2)变卖。

①车站接到批复意见后,按规定将货物移交处理单位处理或由车站两无货物管理小组按质论价后变卖;

②变卖款扣除有关搬运、保管、劳务、税费、变卖手续费等费用后,由变卖车站按规定上缴;

③军用品、药品、危险品、国家禁止及限制运输的物品、机要文件和各种证件不得变卖,应移交公安机关或有关部门处理。

例题4-10 湖南省A公司于3月16日从长沙北站托运1t集装箱1件,内装计算机10台,到站济南,保价金额2万元,收货人为济南市B公司。3月17日长沙北站组织徐州长西站、济南二站整零,施封运输。3月21日该车到达徐州西站接车发现一侧为郑州北站封印,在规定时间内拍发电报送查郑州北站;徐州西站当日卸车货物无异状,作业后施封两枚继运济南站。3月24日济南站卸前货检良好,施封有效,卸见长沙北站发到计算机有票无货,当日编制货运记录,送查长沙北站。4月2日长沙北站答复未见漏装,另抄送徐州西站查复有无误卸情况;收货人5月16日向到站提出赔偿要求;到站受理后于5月18日报主管分局;济南分局5月21日按保价金额列长沙北站责任赔偿2万元。6月1日连云港站清仓发现无票无签1t集装箱1件,当日编制货物记录并按施封站名记载将该箱回送长沙北站;长沙北站6月11日卸车检查确认该箱为原发济南站丢的货件,以处理分局已向收货人赔付为由,将10台计算机按无法交付货物变卖处理,得款10万元,其中2万元用于冲抵保价赔款,其余8万元通知托运人领取。托运人称承运人赔偿的2万元已由收货人转账收讫,而货物实际价值为15万元,仍然损失5万元,要求长沙北站按实际损失赔偿。

要求:(1)剖析有关站违章行为。

(2)长沙北站确认损失货物为原丢失件时应当如何处理?

(3)托运人追偿5万元是否合理?

(4)划分货物损失责任并简要说明理由。

解:1. 有关站违章行为

(1)《铁路货物运输管理规则》规定:站车交接电报应通知上一检查站,抄知到站。徐州西站接车时发现一侧为途中补封之电报仅送查郑州北站而未抄知到站,造成到站处理误判该车组织站责任。

(2)根据《铁路货物损失处理规则》解释规定,事故处理以货物实际损失计算,而不是以赔偿金额计算。该批货物实际价值15万元,济南站应按大事故程序拍发速报和调查。

(3)根据《铁路货物损失处理规则》规定,郑州北站接到交接查询电报、徐州西站接到长沙北站协查文书均未答复和说明情况。

（4）长沙北站在接到第二到站编制调查记录时，应向第一卸车站详细调查作业情况及整个运输过程中的交接情况。

（5）连云港站无票卸下集装箱一件长期未能发现，清仓发现后应联系封印该货实际到站，不应当盲目回送施封站。

（6）长沙北站卸下连云港站回送集装箱经确认为济南分局已赔付的事故件时，应当通知托运人退回赔款，领取货物，同时抄知到站及其主管分局。

（7）长沙北站自行将货物变卖处理，违反《最高人民法院关于审理铁路运输损害赔偿案件若干问题解释》第九条规定。

2. 托运人追偿5万元情况符合法律规定

3. 责任划分

（1）长沙北站未按规定处理损失货物，应承担本案主要责任；

（2）连云港站无票卸下损失货物未能及时发现和处理，是本案起因，应承担本案重要责任；

（3）本案前期属货物丢失，郑州北站、徐州西站和济南站违章行为应承担相应责任；本案后期转化为处理不当责任，该三站违章行为与处理不当之间不存在因果关系，故该三站均不承担责任。

单元4　货物保价运输

一、货物保价运输

铁路保价运输是指托运人在托运行包、货物时向铁路运输企业声明实际价格，并缴纳保价费，当行包、货物在运输过程中发生损失时，铁路运输企业以托运人的声明价格为基础计算赔偿损失。

二、保价运输办理程序

托运人托运行包、货物时均可选择保价运输。托运人办理保价运输时，须在货物运单的"托运人记事"栏内注明"保价运输"字样。当选择保价运输时，铁路运输企业应按照托运人的声明价格办理保价运输手续并收取保价费。

保价运输应以全批行包、货物的实际价格办理，不应只保其中一部分。行包、货物的实际价格以托运人声明的价格为准，托运人对行包、货物声明的实际价格的真实性负责。

行包、货物的实际价格包括其本身的价格、税款、包装费用和已发生的运输费用。托运人需在货物运单"货物价格"栏内以"元"为单位，填写行包、货物的实际价格。

铁路运输企业受理行包、货物保价运输时，应检查托运人记事有关内容是否清楚、齐全。

三、保价运输费用计算与核收

保价费＝保价金额×适用的保价费率。

行李保价费率为0.5‰,包裹保价费率为1‰,货物保价费率根据货物运输品名分类及运输方式确定,见表4-12。

货 物 保 价 率 表   表4-12

保价率	货物品类
1‰	煤、焦炭、金属矿石(放射性矿石除外)、生铁、非金属矿石[云母、石墨、石棉、金刚石(砂)、刚玉、石油除外]、磷矿石、土、沙、石、石灰、泥土、色土、石料、水泥制品、煤矸石、灰渣、矿渣、炉渣、水渣、原木、木材(人造板材、装饰加工板除外)、锯材、板材、方材、枕木、木片、盐、金属制品、金属结构及其构件、钢、铁丝、金属紧固件、农业机具(养蜂器具及农业机械零配件除外)、农副产品(干花朵、花瓣、竹、藤、棕、草、芦苇、树条等类似材料制品、其他农副产品除外)、纸浆、课本、家具、日用杂品、衣箱、冰、水、动植物、残余物、饲料、特定集装化运输工具
2‰	钢锭、钢坯、钢材等及其制品,铁合金、云母、石墨、石棉、金刚石(砂)、刚玉、油石、其他水泥制品、耐火、耐酸、砖管、陶管、缸管、石棉制品、油毡、人造板材、粮食、化学肥料、铸铁管、瓦楞铁、金属接头、弯头、拆解的运输工具、工业机械、农业机械零配件、竹藤、棕草等类似材料制品、其他木材加工地副产品、油料、糖料、烟草、植物种子、食用植物油、其他材料制成的衣箱、家具、动物油脂、油渣
3‰	原油、放射性矿石、有色金属粉、石油套管、油管、其他有色金属、石制品、玻璃纤维及其制品、建筑陶瓷、耐火、耐酸制品、玻璃砖、瓦、棉花、化学农药、化工品(爆炸品、放射性物品、压缩气体和液化气体除外)、硫酸、盐酸、硝酸、树脂、塑料及其制品、油漆、涂料、颜料、燃料、金属制品、医疗器械、组成的各种运输工具、仪器、仪表元器件、衡器、量具、通信广播电视设备、洗衣机、其他日用电器、其他农业机具、养蜂器皿、蚕、茧子、蚕茧、干花朵、花瓣、糖料、食品、腌酱菜、调味品及其他食品、其他饮料、其他烟草制品、纺织品、皮革、毛皮及其制品、纸及纸制品、医药品、搬家货物、行李、其他陶瓷制品及日用杂品、蒸馏水、鬃、马尾、茧壳、茧蛹、蚕沙
4‰	汽油、煤油、柴油、重油、润滑油、脂、有色金属及其合金、半导体材料、水泥、仪器仪表、量、钟表、定时器、食糖、干蔬菜、酒、卷烟、磁带、软磁带、唱片、暖水瓶、保温瓶(胆)、眼镜、陶瓷制的缸、钵、坛、瓦、盆、缸盆及缸砂制品、工艺品、展览品
6‰	爆炸品、放射性物品、压缩气体和液化气体、乐器、特定音像机器、特定调温电器、电子计算机及其外部设备、其他电子(电气)及器材、活禽、鲜冻肉及其部分产品、鲜冻水产品、其他鲜活货物(除盆景、盆花外)、干果籽实、子仁、果核、肉、蛋、奶制品、水产加工品、乐器、玻璃器皿及其他玻璃制品
10‰	活动物(蜜蜂除外)、鲜瓜果、盆景、盆花
15‰	玻璃、蜂蜜

注:1. 本表所列货物品类及代码,均以《铁路货物运价规则》附件"铁路货物运输品名分类与代码表"为准。
  2. 保价费率分为五个基本级,两个特定级:一级为1‰,二级为2‰,三级为3‰,四级为4‰,五级为6‰,特六级为10‰,特七级为15‰。
  3. 集装箱装运的货物,均按3‰(2431类按1‰)计算。
  4. 冷藏车装运的需要制冷的货物,均按该货物保价费率的50%计算。
  5. 超限货物均按该货物的保价费率加收50%计算。
  6. 各铁路局集团公司结合管内具体情况,依本表规定费率可上下浮动。

品名、规格、包装不同的行包按一批托运时,托运人可根据行包的实际价格分件声明,也可按一批全部件数合并声明,保价费分别计算。一段按行李、一段按包裹托运的行包,全程按行李保价费率计算保价费。

保价费率不同的货物按一批托运时,可分项填记品名及保价金额,保价费分别计算。保价费率不同的货物合并填记时,按其中最高的保价费率计算保价费。

行包、货物的保价费应与运费同时核收。保价费尾数不足1元时,按四舍五入处理至元。

行包、货物变更到站后,保价运输继续有效。托运人在承运后发送前取消托运或因铁路运输企业责任造成的取消托运,如行包、货物未发生损失,保价费应全部退还托运人;如行包、货物发生损失并按有关规定处理的,保价费不再退还。

四、运输责任

铁路运输企业从接收行包、货物时起,至将行包、货物交付收货人时止,对保价行包、货物发生的损失承担赔偿责任。

由于下列原因造成保价行包、货物损失的,铁路运输企业依法不承担赔偿责任:

(1)不可抗力;

(2)货物或行包中的物品本身的自然属性,或者合理损耗;

(3)托运人(含押运人)、收货人或者旅客的过错。

五、保价货物的赔偿

行包、货物在铁路运输过程中发生损失的,铁路运输企业应按照行包、货物损失处理的有关规定办理。车站应编制证明行包、货物损失的记录交托运人或收货人,作为托运人或收货人要求赔偿的依据。同时,应向托运人或收货人提供索赔须知,告知索赔流程、索赔时限及需要准备的证明文件。

行包托运人或收货人向铁路运输企业提出赔偿要求的有效期限为一年;货物托运人或收货人向铁路运输企业提出赔偿要求的有效期限为 180 日。有效期限起算日期:行包损失时为交付的次日;货物损失时为铁路运输企业交给货运记录的次日;逾期未到的,为运到期限期满后的第 31 日。

铁路运输企业在运到期限期满后,经过 30 日仍不能交付的行包、货物,托运人或收货人可按全部灭失向铁路运输企业提出赔偿要求。

对符合保价赔偿责任范围和赔偿条件的行包、货物损失,铁路运输企业应按照先对外赔付、后划分铁路内部责任的原则办理赔偿。自受理赔偿要求的次日起至支付赔款之日止行包、货物办理赔偿的最长期限为 30 日。

保价行包、货物发生损失时,按实际损失赔偿,赔偿额按下列标准计算:

(1)全批损失时,最高不超过该批行包、货物的保价金额;

(2)部分损失时,按损失行包、货物占全批行包、货物的价值比例乘以保价金额计算;

(3)分项填记品名和保价金额的,按该项行包、货物品名和保价金额分别计算。

赔偿额尾数不足 1 元时,按进整处理至元。

六、未保价货物的赔偿

未进行保价的货物,不按件数只按重量承运的货物,每吨最高赔偿 100 元;按件数和重量承运的货物,每吨最高赔偿 2000 元;个人托运的搬家货物、行李每 10kg 最高赔偿 30 元。实际损失低于上述赔偿限额时,按货物实际损失的金额赔偿。

自轮运转(包括企业自备或租用铁路)的铁道机车、车辆和轨道机械暂不办理保价运输。

七、铁路货物运输保险

铁路货物运输保险是我国保险事业的一个重要组成部分,是托运人以铁路装运的货物作为保险标的保险。货物发生保险责任范围内的损失时,由保险公司负责按规定进行赔偿,以补偿被保险货物在运输过程中因自然灾害和意外事故造成的意外损失。《铁路法》规定,托运人根据自愿原则,可以选择办理货物运输保险,也可以不办理货物运输保险。按哪种方式运输,由托运人确定,不得以任何方式强迫托运人办理货物运输保险。

货物运输保险由保险公司办理或铁路代办。对投保货物运输险的货物,承运人应在货物运单、货票"托运人记事"栏内加盖"已投保运输险,保险凭证×××号"戳记。托运人应在货物运单"货物价格"栏内,准确填写该批货物总价格,根据总价格确定保险总金额投保货物运输险。须注意,投保货物必须按批办理,不得只投保一批货物中的一部分。

投保货物运输险的货物在运输中发生损失,对于不属于铁路运输企业免责范围的,未按保价运输承运的货物,按照实际损失赔偿,但最高不得超过国务院铁路主管部门规定的赔偿限额。如果损失是铁路运输企业的故意或者重大过失造成的,不适用赔偿限额的规定,按照实际损失赔偿,由铁路运输企业承担赔偿责任。

属保险责任范围的损失,由保险公司按照实际损失,在保险金额内给予投保人补偿。

保险公司按照保险合同的约定向托运人或收货人现行赔付后,对于铁路运输企业应按货物实际损失承担赔偿责任的,保险公司按照支付的保险金额向铁路运输企业追偿,因不足额保险产生的实际损失与保险金的差额部分,由铁路运输企业赔偿;对于铁路运输企业应按限额承担赔偿责任的,在足额保险的情况下,保险公司向铁路运输企业的追偿额为铁路运输企业的赔偿限额,在不足额保险的情况下,保险公司向铁路运输企业的追偿额为在铁路运输企业的赔偿限额内按照投保金额与货物实际价值的比例计算,因不足额保险产生铁路运输企业的赔偿限额与保险公司在限额内追偿额的差额部分,由铁路运输企业赔偿。

既有保险又保价的货物在运输中发生损失,对不属于铁路运输企业免责范围内的,按照实际损失赔偿,但最高不能超过保价额,由铁路运输企业承担赔偿责任。对于保险公司先行赔付的货物损失,按保险货物损失的实际数额赔偿处理。

拓展知识　铁路内部货物损失责任划分办法

铁路内部各单位之间货物损失责任划分,应以《铁路货物损失处理规则(试行)》第二十八条规定的原则确定,并根据不同情况,参照有关规章妥善处理。

铁路内部责任确定后,由定责单位填写查复书并下达"货物损失定责通知书"(简称"定责通知书"),送主管铁路局集团公司、责任铁路局集团公司、责任单位和发、到站及有关单位。查复书的内容应包含定责意见及定责依据。

凡按规定权限定责的货物损失,责任站(铁路局集团公司)必须尊重定责意见。

对承运人责任明确的货物损失处理要坚持快速调查、快速定责。自货物损失发现之日起,轻微、三级损失处理期限最长不超过 10 日;二级、一级损失处理期限最长不得超过 30 日。

若托运人或收货人在法定有效期间内提出赔偿要求,则以办理完赔偿手续并下达定则通知书时间为结案时间;超过法定有效期限,托运人或收货人未提出赔偿要求,则自然结案;由上级或到达铁路局集团公司裁定的,以接到裁定批复时间为结案时间;经调查确认非承运人责任的,以调查确认时间为结案时间。结案后,调查单位应将结案情况告知相关单位。

责任单位收到定责通知书后,应于10日内确定责任部门,若超过30日仍不能确定责任部门,则列货运部门责任(系统默认)。若定责单位超过规定时间不调查、不定责,列本单位货运部门责任。

1.赔偿责任

承运人在铁路运输过程中(自铁路运输企业接收货物时起,至将货物交付收货人时止)对货物发生灭失、短少或者损坏负赔偿责任。

在运输途中发生的火灾、货物变质、活动物死亡等情况就地处理时,经与托运人、收货人协商同意,可由发现站受理,并通知发、到站。

对承运人责任明确的货物损失,收货人或托运人向到站或发站提出赔偿要求时,到站或发站均应受理。涉及物流外包业务的,由签约单位按合同约定指定车站受理。委托他人办理时,应由收货人或托运人出具委托书、委托人和被委托人的身份证明复印件和联系方式。

2.免责条件

由于下列原因之一所造成的货物灭失、损坏,承运人不承担赔偿责任。

(1)不可抗力。

(2)货物本身的自然属性或合理损耗。

(3)托运人、收货人或押运人的过错

由于托运人、收货人的责任或押运人的过错使铁路运输工具、设备或第三者的货物发生损失时,托运人或收货人应负赔偿责任。

3.赔偿要求的受理

受理赔偿要求时,应审核赔偿要求人的权利、权利有效期限、"赔偿要求书"内容,以及规定的证明文件[货物运单原件或快运货票戊联、货运记录(货主页)原件以及与货物损失有关的其他资料]。审核无误后,在"赔偿要求书"收据上加盖货物损失处理专用章或受理车站公章,并将其交给赔偿要求人。

通过铁路货运电子商务系统网上受理客户提出的赔偿要求时,经受理站审核后,需将受理情况以"客户通知书"通过铁路货运电子商务系统告知客户。

对非承运人责任的保价货物损失,收货人或托运人向到站或发站提出补偿要求时,比照赔偿程序受理。

车站受理的以及铁路局集团公司接到的赔偿案件,应按顺序登入"货物损失(记录、调查、赔偿)登记簿"内。

4.其他情况的处理

车站上报直属站段、铁路局集团公司的赔偿资料,经审核确定不属于铁路责任时,直属站段、铁路局集团公司应说明理由与根据,告知受理站,受理站以盖有货物损失处理专用章或单位公章的函件答复赔偿要求人,同时将全部赔偿材料(赔偿要求书除外)复印留存后退还赔偿要求人,并告知有关单位。

赔偿要求人向法院提起的诉讼案,按照国铁集团及所属企业法律纠纷案件处理的有关规定执行。法院调解或判决承运人责任生效后,由被告单位先行垫付铁路承担的款额。涉及被告单位以外的铁路其他单位责任时,应根据法院的调解或判决和本规则有关规定确定责任。

在赔偿后又找到货物,由货物所在站按无标记货物处理,维持原来定责不变。

被盗丢失货物损失赔偿后,公安机关破案证明属其他单位责任时,按下列规定处理。

(1)赔款额不满一级损失,维持原来定责不变。

(2)赔款额在一级损失以上,原责任单位将原调查材料、原"货物损失赔偿通知书"(简称"赔通")和公安机关破案证明一并报主管铁路局集团公司审核后,自原货运记录编制之日起180日内,向新的责任铁路局集团公司填发赔通和定责通知书,转送上述材料。新的责任铁路局集团公司应及时转账,承担赔偿责任。超过上述期限的,仍维持原来的定责不变,新的责任铁路局集团公司不予受理。

5. 货物损失的赔偿款额

赔偿款额按照《铁路法》《货规》和铁路货物保价运输的有关规定计算。赔偿额尾数不足1元时,按进整处理。

货物灭失时,按灭失货物的价格赔偿;货物损坏时,按损坏货物所降低的价格。货物赔偿的标准如下:

(1)执行国家定价的货物,应按照各级物价管理部门所规定的价格计算;

(2)执行国家指导价格或市场调节价格的货物,比照前项国家定价货物中相同规格或类似商品价格计算;

(3)个人托运的搬家货物、行李按照货物交付当日(全部灭失时,为运到期限的最后一日)当地国有企业或供销部门的零售价格计算。

保价运输的货物,最多不能超过该批货物的保价金额,只损失一部分时,按损失货物与全批货物的比例乘以保价金额赔偿。没有通过保价运输的,不按件数只按重量承运的货物,每吨最高赔偿100元,按件数和重量承运的货物,每吨最高赔偿2000元;个人托运的搬家货物、行李每10kg最高赔偿30元,实际损失低于上述赔偿限额的,按实际损失货物的价格赔偿。

货物的损失由承运人的故意行为或重大过失造成时,不适用赔偿限额的规定,而应按照实际造成的损失赔偿。

投保运输险的货物由承运人与保险公司按规定赔偿。

6. 赔偿的权限

(1)轻微损失的赔偿由受理站审核办理。赔偿要求人要求以现金支付赔款,由车站按规定当日完成现金赔付;赔偿要求人要求通过银行转账,由受理站在下达赔通当日将赔偿材料报主管直属站段,由直属站段转账。轻微损失赔款备用金由车站主管直属站段财务部门按照备用金管理制度办理和监督。

(2)三级损失的赔偿由受理站在受理当日,以查复书写明调查过程、损失款额、赔偿金额等,并上报主管直属站段,抄送发、到站及相关站,由主管直属站段审核办理。

(3)二级、一级损失的赔偿及保价货物损失补偿,由受理站在受理当日,以查复书写明调查过程、损失款额、赔(补)偿金额等,并上报主管铁路局集团公司,抄送发、到站及相关站,由主管铁路局集团公司审核办理。

(4)涉及物流外包业务(包括客户以铁路方保证金冲抵违约金或向保函开立银行索赔

违约金),由签约单位按合同约定指定车站办理赔偿;办理权限不属车站,由车站在受理当日,以查复书写明调查过程、损失款额、赔(补)偿金额等,并上报主管直属站段或铁路局集团公司,抄送发、到站及相关站,由主管直属站段或铁路局集团公司按合同约定审核办理。

赔(补)偿办理单位应填发赔通,并加盖货物损失处理专用章或单位公章。赔通分为正本、副本,正本为领款凭证、付款凭证(由银行转账时,交本单位财务部门;领取现金时,交赔偿要求人领款用),副本为赔款通知(本单位财务部门清算用。银行转账时,交赔偿要求人、发站;到站)。通过铁路货运电子商务系统网上办理赔偿,应将赔通加载至铁路货运电子商务系统上告知客户。

7. 赔偿办理期限及处理期限

承运人同托运人或收货人相互要求赔偿或退补费用的有效期限为180日,要求承运人支付违约金的有效时间为60日。有效期间由下列日期起算。

(1)货物灭失、损坏或铁路运输设备损坏的起算日期,为承运人交货运记录的次日;货物全部灭失,未编制货运记录的起算日期,为运到期限满期的第31日。

(2)多收或少收运输费用的起算日期,为核收该项费用的次日。

(3)要求支付违约金的起算日期,为交付货物的次日。

(4)其他赔偿及退补多收或少收的费用的起算日期,为发生事故或核收该项费用的次日。

办理赔偿的期限,自受理赔偿要求的次日起至填发赔通之日止为2个工作日。特殊情况下办理赔偿的最长期限:直属站段不超过5个工作日,铁路局集团公司不超过10个工作日。

赔通下达后应及时送财务部门,财务部门接到赔通后,应在5个工作日内支付赔款。保价运输货物的损失赔款以保价成本核算,非保价运输货物的损失赔款以运营成本核算。涉及物流外包业务(包括客户以铁路方保证金冲抵违约金或向保函开立银行索赔违约金),由签约单位按规定支付或冲减违约金。

一批赔款额或各责任铁路局集团公司分摊后的款额不足500元时,互不清算,由处理单位列销。

500元以上的跨局货物损失赔款,由处理铁路局集团公司汇总,在财务通知书中附赔通和定责通知书,按月向责任铁路局集团公司清算一次,若处理铁路局集团公司超过3个月未向责任铁路局集团公司清算,责任铁路局集团公司可不予清算。责任铁路局集团公司接到处理铁路局集团公司清算的财务通知书后,按月向处理铁路局集团公司支付垫赔款。责任铁路局集团公司不得退回赔通。

涉及物流外包业务,须支付违约金(包括以保证金冲抵违约金、向保函开立银行索赔违约金)的签约铁路局集团公司,每季度次月10日前与责任铁路局集团公司办理违约金结算。

模块小结

通过本模块的学习,掌握货运记录的编制及调查、货物损失的处理程序和货物损失赔偿的有关规定,本着对托运人和收货人负责的原则,对于承运人责任明确的货物损失,须先对外赔付,后划分铁路内部责任,尽量减少其损失,减小货物损失产生的不良影响,做到主动、及时、真实、合理。

≪复习思考题≫

1. 货运安全工作的方针是什么?

2. 什么叫货物损失?

3. 货物损失分为哪几类?

4. 货物损失等级如何划分?

5. 记录分为哪几种? 各有何作用?

6. 什么情况下需编制货运记录?

7. 什么情况下需编制普通记录?

8. 发站编制的记录如何处理?

9. 中途站编制的记录如何处理?

10. 到站编制的记录如何处理?

11. 货运记录送查时,按规定应附送哪些资料和实物?

12. 车站发现货物损失如何处理?

13. 在何种情况下拍发货物损失速报? 其内容包括哪些?

14. 车站接到调查记录如何处理?

15. 货物损失责任划分的原则是什么?

16. 铁路货物运输中,什么情况下承运人不负责赔偿?

17. 赔偿权限如何划分?

18. 攀枝花西发西安东整车工字钢一批40件共60t,于3月6日承运,全批保价金额130万元,卸时发现货物较运单记载40件少2件,实卸38件。如为铁路责任需赔偿金额为多少?

模块 4　实训工单

班级：_____　姓名：_____　学号：_____　时间：_____

一、训练目标

1. 专业能力目标：

(1) 能掌握铁路货物损失的定义及种类；

(2) 能说出铁路货物损失处理程序和要求；

(3) 能说出铁路货物保价运输的规定；

2. 方法能力目标：

能综合运用铁路普通货物运输专业知识，通过利用铁路普通货物运输专业书籍、课件和相关规章资料获得帮助信息。

3. 社会能力目标：

(1) 在实习训练中保持积极向上的学习态度；

(2) 能与小组成员和教师就学习中的问题进行交和流沟通；

(3) 能与他人共享学习资源的，具有较好合作能力和团队协作精神。

二、知识总结

1. 铁路货物损失的定义及种类。

2. 铁路货物损失处理程序和要求。

3. 铁路货物保价运输。

三、实训内容

1. 编制货运记录

(1) 西安西站 2010 年 5 月 5 日发成都东站整车黄板纸 1200 件，使用 C_{64} 型车运输。当日由承运人装车完毕。苫盖铁路篷布 2 块，(篷布号：71213916、71213917)，于 5 月 8 号 15 时 84563 次列车到达成都东站。15 点 30 分由到站组织卸车 16 点 30 分卸车完毕。

补充编制货运记录时记人　补充_____局_____站所编第_____号_____记录

一、一般情况

办理种别_____运单号码_____　　　于_____年_____月_____日承运

发　　站_____发局_____托运人_____装车单位_____

到　　站_____到局_____收货人_____卸车单位_____

车种车型_____车号_____标重_____吨

_____年_____月_____日 第_____次列车到达_____年_____月_____日_____时_____分卸车

_____年_____月_____日_____时_____分卸完

封印:施封单位_____/_____施封号码_____/_____

篷布:篷布号码_____保价/保险_____货物价格_____元

二、货损情况

项目	货物名称	件数	包装	重量(kg)		托运人记载事项
				托运人	承运人	
票据原记载						
按照实际						
货物损失详细情况						

三、参加人签章:

车站负责人_____编制人_____审核人_____

公安人员_____收货人_____其他人员_____

四、附件: 1.普通记录_____页 2.封印_____个 3.其他_____

五、交付货物时收货人意见_____

年____月____日货运记录(货主页)已交由____领取。

（2）2011 年 9 月 3 日 43501 次到达江岸站大米一批,用 C$_{62A}$/4660132 装运,标重60t,票记件数:1200 件,保价 20 万,承运日期:2011 年 8 月 28 日,苫盖篷布两块(篷布号:S003451 H602172),绳网捆绑;发站:沈阳东,托运人:沈西粮油贸易公司,收货人仙桃粮站,卸前检查,发现该车前、后方篷布顶各有 3500mm 和 4000mm L 形割口,新痕,被割处货物下陷,卸时点件:620 件,每件货物价值:200 元。

补充编制货运记录时记入 补充_____局_____站所编第_____号_____记录

一、一般情况

办理种别_____运单号码_____于_____年_____月_____日承运

发　　站_____发局_____托运人_____装车单位_____

到　　站_____到局_____收货人_____卸车单位_____

车种车型_____车号_____标重_____吨

____年____月____日 第_____次列车到达____年____月____日____时____分卸车

____年____月____日____时____分卸完

封印:施封单位 ＿＿＿＿＿＿／＿＿＿＿＿ 施封号码 ＿＿＿＿／＿＿＿＿

篷布:篷布号码 ＿＿＿＿＿ 保价/保险 ＿＿＿＿＿＿ 货物价格 ＿＿＿＿＿ 元

二、货损情况

项目	货物名称	件数	包装	重量(kg)		托运人记载事项
				托运人	承运人	
票据原记载						
按照实际						
货物损失详细情况						

三、参加人签章:

车站负责人 ＿＿＿＿＿ 编制人 ＿＿＿＿＿ 审核人 ＿＿＿＿＿

公安人员 ＿＿＿＿＿ 收货人 ＿＿＿＿＿ 其他人员 ＿＿＿＿＿

四、附件: 1.普通记录 ＿＿＿ 页 2.封印 ＿＿＿ 个 3.其他 ＿＿＿

五、交付货物时收货人意见 ＿＿＿

　　　　　　　　　年　　月　　日货运记录(货主页)已交由　　　　　　领取。

2.编制货物损失速报

砀山站 2007 年 6 月 9 日承运到荆门站(运价里 883km)鲜梨一车,件数 1200 件,纸箱包装,重 30t。托运人在运单"托运人记载事项栏"内注明容许运输期限 9 日,保价金额 8 万元。装 P$_{62}$/3536531,施封两枚,封印号码 F00001、F00002。该车 6 月 20 日 17 时 30 分到达荆门站,到站货检门窗关闭无异状,施封良好,开启车门见车底板有积水,纸箱包装有不同程度受潮,车容未满,卸后清点件数为 1180 件,较运单记载短少 20 件,开箱检查内货全部腐烂,收货人称货物价值 105000 元。

铁 路 传 真 电 报

签发：　　　　核稿：　　　　拟稿人：　　　　电话：

发报电名	电报号码	等级	受理日	时分	收到日	时分	值机员

主送：×站、××车务段、××铁路局集团公司
抄送：国铁集团

货物损失速报

（一）××××；
（二）××年××月××日××站；
（三）××站，××站，××，××年××月××日；
（四）×，×，×，×；
（五）×××××；
（六）××××××。

××站第××号电

××年××月××日

3. 编制普通记录（未给条件自拟）

阳泉站发济南站热电块煤，用 $C_{62}4104322$ 装运，票号000022，该车挂于第43255次列车机后第6位，于7月10日15:11到达德州站，列检发现，车体良好，前进方向第三轴右侧车轴润滑油不良，发热扣修。德州站于7月10日20时开始对货物换装，货物装与 $C_{62A}1423456$ 车内，换装前层煤灰浆标记良好，原装 $12.10m \times 2.80m \times 1.6m（54.208m^3）$，换装后，$12.10m \times 2.79m \times 1.6m（54.0144m^3）$

4. 编制货物损失速报（未给条件自拟）

G站××年5月6日承运整车卷烟一批，到站Z站，货物重量30t，1200件，货物保价100万元，车号 $p_{m62}3345672$，票号023575，货物到达H站，货检见前进方向一侧无封，会同公安清点，丢失125件。

5. 计算题

2015 年 2 月 5 日,北郊站承运一批量快运货物,纸浆 40 件、40t,到站合肥北站,门到门运输,保价 15 万元。北郊站在接取物流过程中有 1 件货物外包装破损,发站将该货物装入棚车内,施封运输。该车运行至南京东站,车辆部门检查发现该车因车辆技术原因不能继运,要求换装修理,南京东站在换装过程中,清点货物有 38 件。到站卸车发现,实卸 38 件,其中 10 件货物外包装破损内货外露,且有不同程度污损。合肥北站将该货物送到货主仓库时,又发现有 2 件货物外包装破,货物也有污损。

问:(1)北郊、南京东、合肥北站应如何处理?

(2)各站货运记录编制的重点是什么?

(3)如北郊、南京东、合肥北均按章编制货运记录,上案责任如何认定?说明理由和依据。

(4)如该货物未保价未保险,该如何办理赔偿?

四、实训小结

_____

_____

五、成绩评定

评价等级	表达能力	沟通能力	团队合作能力	实作能力	知识掌握能力
评价结果					

指导老师评语:

学习者签字:　　　　　　　　　　　　　　　　日期:　　年　　月　　日

指导教师签字:　　　　　　　　　　　　　　　日期:　　年　　月　　日

模块 5

铁路货场管理

模块描述

  铁路货场是铁路运输企业面向社会,办理货物运输业务的窗口和货物运输起止的货物集散地。为了安全、方便、快捷地运送货物、经济合理地利用铁路货场设备,充分发挥货场的作业能力,必须加强货场管理,从而实现铁路货场作业标准化、管理科学化、服务文明化。

  铁路货场不仅具有受理、承运、搬运、保管、配送、交付货物以及接收、处理和反馈货运信息的功能,还可以按到站和去向集结货物、组织配装和组织直达运输。在现代物流业飞速发展的新形势下,铁路货场可作为物流配送的节点,逐渐由传统的货场向现代物流中心升级,使其成为整个社会大物流体系的重要节点。

教学目标

1. 知识目标

(1)了解货场管理的主要内容。

(2)掌握货场的分类与配置。

(3)掌握货场场库设备和装卸设备管理的内容。

(4)掌握货场货位的配置。

(5)了解货场作业管理的内容。

(6)了解专用线管理的基本知识。

2. 能力目标

(1)能了解货场管理的办法。

(2)能熟悉货场设备并对其进行管理。

(3)能根据专用线运输设备的状况,合理组织铁路专用线运输。

建议课时:8 课时。

单元 1　货场管理概述

货场是铁路办理货运作业的基本场所,为了安全、迅速、便利地组织货物的承运、保管、装卸和交付作业,在铁路货场内必须配备足够的场库、装卸机械、配线和道路等设备,并且要保证各项货运设备在货场内的合理布置。

铁路货场生产是一项多环节、多层次、多部门、多工序的工作,各项作业之间既有相对的独立性,又要相互协调、密切配合,是一个不可分割的整体。铁路货场管理就是对货场生产作业的全过程进行计划、组织、指挥、协调和控制,以保质保量地完成铁路运输生产经营任务。

一、货场管理的主要内容

从生产管理的角度来说,货场管理主要包括以下几个方面的内容。

1. 货场计划管理

货场计划管理主要包括车站货流、货源的调查与组织,月旬货物运输计划的执行,以及到货调查和卸车工作组织等。

2. 货场作业管理

货场作业管理主要包括进货装车作业、卸车出货作业、出车作业和取送车作业等。

3. 货场设备管理

货场设备管理主要包括货场、货区、货位的使用,以及装卸设备和其他货运设备的运用管理等。

4. 货场安全管理

货场安全管理主要包括职工的安全教育和安全技术教育,以及各项安全管理制度的制定、货运事故的预防和处理等。

5. 货场作业信息管理

货场作业信息管理主要包括对货场货运作业信息系统的各项业务管理工作。

二、铁路货场管理的目标与任务

1. 铁路货场管理的目标

为了满足铁路货物运输需求,铁路货场应根据运输市场和铁路跨越式发展的要求,引进先进的技术设备和管理手段,合理运用货场设备,充分发挥货场的作业能力,并不断研究运输市场动态,提高工作质量和服务质量,努力做到服务文明化、管理科学化、作业标准化,不断提高运输集装化和装卸机械化水平。

2. 铁路货场管理的任务

(1)认真贯彻党和国家的经济政策和运输政策,以及国铁集团、铁路局集团公司颁布的有关货运规章制度。

(2)贯彻"人民铁路为人民"的宗旨,全心全意为物资单位服务,坚持"安全第一、信誉第一、用户第一"的方针,不断提高运输质量和服务质量。

(3)编制和执行货场管理细则,建立健全以岗位责任制为中心的货场各项基本作业制度,在确保货场作业安全的前提下,不断提高经济效益和运输效益,加速车辆周转和货物送运。

(4)建立设备台账,加强现有设备管理,积极挖掘现有设备潜力,积极推广全面质量管理,开发和应用新技术、新设备,不断提高货场作业能力,提高货场工作质量和管理水平。

（5）搞好路内外联劳协作，制订货场交通管理办法，使到达重车卸得下、搬得出，发送货物进得来、装得上，保证货场畅通无阻。

（6）贯彻"安全第一、预防为主"的原则，保证运输安全。

（7）搞好货场职工政治和业务培训，重视人才的培养，不断提高货场职工政治素质和业务水平。

三、铁路货场生产作业的特点

1. 作业过程的连续性

铁路运输是一个物流（运动）过程，要求整个运输作业线上的车辆和货物始终处于运动状态，尽可能减少不必要的中断、停滞和等待现象。为此，货场内部的所有设备应有一个科学的、符合各项作业程序的总体布局，使各项作业环节在时间上尽可能紧密衔接，以便减少非生产等待时间。

2. 作业过程的平行性

作业过程的平行性是指在同一段时间内，对车辆、货物平行交叉地进行多项作业，从而缩短整个作业时长。为了发挥作业平行性，应在作业组织形式、设备使用方法及人员安排等方面进行系统、全面地分析和优化，不断改进作业程序和管理方法。

3. 作业过程的均衡性

作业过程的均衡性是指通过加强货场生产计划，保证各作业环节的协调配合，以便合理地利用设备能力和劳动资源，提高生产作业效率，有利于安全生产和防止事故的发生。

4. 作业过程的适应性

作业过程的适应性是指货场货物类别或货运量发生较大变化时，应在较短的时间内调整作业能力和管理措施。

单元2　货场分类与配置

知识点1　货　场　分　类

货场是铁路车站的组成部分，其主要任务是办理货物的承运、保管、装车、卸车和交付等作业，是铁路与其他运输工具衔接的场所，也是铁路货物运输生产过程的起点和终点，直接为国民经济各部门服务，是铁路货物运输营业的窗口。

1. 按办理的货物品类分

（1）综合性货场，综合性货场办理作业的货物品类繁多、货量分散，这种货场一般都布置在铁路枢纽内及铁路沿线各站上，为各级城镇的工矿企业和人民生活服务。

（2）专业性货场，专业性货场办理货运量大、品种单纯、作业性质相同或相近，多为散堆装货物或大宗货物，如专办煤、木材、砂石、危险货物等的货场。

2. 按办理货物运输的种类分

（1）整车货场，是指仅办理整车货物作业的货场。

（2）集装箱货物，是指仅办理集装箱作业的货场。

(3)混合货场,是指办理整车、零散快运和集装箱中两种以上货运作业的货场。

3. 按货运量的大小分

(1)综合性货场,年运量在 100 万 t 及其以上为大型货场;年运量在 30 万～100 万 t 者为中型货场;年运量在 30 万 t 以下为小型货场。一般位于大、中城市及工业区的车站货场运量较大,多为大、中型货场,中间站货场多为小型货场。

(2)专业性货场,由于办理的货物性质有差别,难以按运量界定其级别。如装煤、木材或砂石的专业性货场,一般都是整列或半列装卸,运量较大;办理危险货物的专业性货场,往往货运量不大,但设备和管理都比较复杂。

4. 按配置分

(1)尽端式货场,是指由尽头式货物线组成的货场。

(2)贯通式货场,是指由贯通式货物线组成的货场。

(3)混合式货场,是指由尽头式货物线和贯通式货物线共同组成的货场。

在运量较大、办理货物品类较多的车站,为避免作业过于集中和便于管理,可分设几个货场,这些货场可按货物品类、货物运输种类或货流方向进行合理分工。

知识点 2 货 场 配 置

货场的配置形式包括尽端式、贯通式和混合式 3 种。

1. 尽端式货场

尽端式货场是指由尽头式货物线构成的货场,即货物线一端连接车站站线,另一端是设置车挡的终端。尽端式货场如图 5-1 所示。

图 5-1 扇形尽端式货场布置图

1-货物线;2-存车线;3-仓库;4-雨棚;5-危险货物仓库;6-侧式站台;7-综合式站台;8-集装箱及笨重货物堆放场;9-散堆装货物堆放场;10-集装箱修理间;11-门式起重机;12-货运员办公室;13-货运室;14、15-装卸工人休息室;16-门卫室;17-食堂;18-浴室;19-装卸机械维修组;20-装卸机械停放组尽端式货场的优点：占地少，线路和汽车道路短，造价低；易于结合地形，利于与城市规划配合；道路与货物线交叉少，搬运货物与取送车作业干扰少，搬运车辆出入方便；便于改建、扩建。

尽端式货场的缺点：车辆取送作业只能在一端进行，咽喉区负担重，取送车作业与装卸作业存在相互干扰。

尽端式配置适用于大、中型综合性货场。

2. 贯通式货场

贯通式货场是指由贯通式货物线构成的货场，其货物线两端均连接车站站线。贯通式货场如图 5-2 所示。

图 5-2　贯通式货场布置图

1-仓库；2-雨棚、站台；3、5-堆放场；4-货运办公室

贯通式货场的优点：货场取送车作业在两端进行，与装卸作业干扰少；可整列或成组装卸；货物线可临时接发列车；本务机车取送车作业方便。

贯通式货场的缺点：占地面积大，货物线长，道路与货物线交叉多，取送车作业与搬运作业相互干扰；改建、扩建困难。

贯通式配置适用于专业性货场和运量小的中间站。

3. 混合式货场

混合式货场是指由尽端式货物线和贯通式货物线共同构成的货场，如图 5-3 所示。

图 5-3　混合式货场布置图

1-货物线；2-仓库；3-危险货物仓库及站台；4-牲畜圈；5-站台；6-长大笨重货物场地；7-低货位；8-门卫室；9-装卸工人休息室；10-装卸机械维修组；11-叉车停放及充电间；12-浴室；13-货运室

混合式货场兼有尽端式和贯通式配置的优缺点。通常成件包装货物和长大笨重货物作业在尽端式部分进行，大量散堆装货物作业在贯通式部分进行。运量较大的中间站货场多

采用混合式配置。

货场配置类型的选择应根据货物种类、车流特点、作业量、取送车方式、货运站在枢纽内的位置、货场与车场的相互配置方式和地形条件等因素进行。

单元3 货场设备及作业管理

货场设备是车站或货场直接用于货物装卸、运送、保管作业,以及其他为办理货运业务服务的设备。对货场设备进行科学的管理,是保证进出货、装卸车和取送车正常作业的必要措施。货场设备管理的目的在于合理使用货场设备,最大限度地挖掘货场潜力,更好地完成铁路货物运输任务。

货场作业方案是根据车站的作业特点和设备情况,协调好货运、运转、装卸、搬运和货主5个方面的工作,优化装卸货、进出货和取送车3个环节,以达到减少调车作业、压缩车辆停留时间和提高货场能力的目标。它在协调路内外各部门的工作、组织各个作业环节、提高货场的总体作业效率方面起着重要的作用。

知识点3 货场场库设备

为了对货场发送、到达的货物进行临时保管,对中转货物进行配装,以便集结货物,组织直达,成组运输,需要在货场内设置堆货场、货物站台、仓库、雨棚等场库设备。

一、堆货场

堆货场是用来存放不怕湿的散堆装货物、集装箱和长大笨重货物的场地。堆货场排水横坡可采用单面或双面坡,集装箱场地横坡不应大于1.2%,其他场地横坡不应大于3%。

堆货场的宽度及场地布置应根据货运量、货物种类、装卸机械类型、货位布置形式、货位排数,及货位宽度等来确定。堆货场的长度可根据堆货场需要的面积和所采用的宽度加以确定。

堆货场按其水平面的高度,可分为平货位堆货场和低货位堆货场。

1. 平货位堆货场

平货位是指地面与线路路肩相平的堆货场,为了便于排水及机械作业,堆货场应采取硬面化措施,并具有1% ~3% 的坡度。

2. 低货位堆货场

低货位堆货场(简称"低货位"),是指地面低于线路路肩1.5m以上的堆货场。低货位堆货场适于大量散堆装货物的卸车作业,在煤炭、矿石、砂石等散堆装货物卸车比较集中的地区普遍采用。既可以减轻劳动强度、提高卸车效率、加速车辆周转,又可增大货位容量。

(1)低货位堆货场的规格。

低货位的路基面高度,应根据货物种类、运量大小、卸车次数、出货能力、货位周转,及地形地貌等因素确定。路基面高度不宜太高,通常为1.5 ~2.5m。

低货位的路基面宽度,应便于卸车,尽量不使货物存留在路肩上,便于装卸和调车人员作业,并保证作业安全。路基面宽度通常为3.2 ~3.6m。

低货位的长度应满足堆货场面积需要,根据车站每天向该线取送车的次数和数量确定,使调车作业和卸车工作密切配合。

（2）低货位堆货场的分类。

低货位堆货场有栈桥式和路堤式两种。栈桥式低货位堆货场的货位容量大、造价低,常见于液化气运输的装卸场;路堤式低货位堆货场又包括斜坡式和直壁式两种类型,如图5-4a)、b)所示。

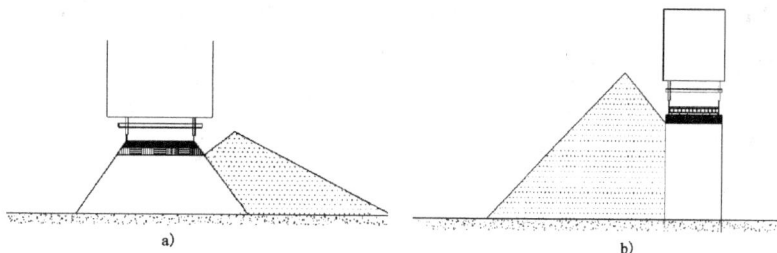

图5-4　路堤式低货位堆货场
a)斜坡式低货位堆货场;b)直壁式低货位堆货场

斜坡式低货位比直壁式低货位耗资少,更容易修建,但货位容量较小,占地面积较大,在地形条件允许或利用既有货物线的路基修建时可采用。

直壁式低货位多采用钢筋混凝土结构,具有货位容量大,占地面积小的优点,散堆装货物运量较大时可采用。

二、货物站台

货物站台是指为了便于装卸车作业而修建的高出货物线轨面1m及其以上的平台建筑物,主要用来存放不受风、雨、雪及阳光等自然条件影响的货物。货物站台可分为高出轨面1.0~1.1m的普通货物站台和超过轨面1.1m的高站台两种。

1.普通货物站台

普通货物站台是指站台面与普通货车地板高度基本相同的货物站台。通常,棚车在货物站台高出货物线轨面1.1m时作业便利,敞车作业则要求货物站台高出地面1m。根据站台作业车辆类型,铁路一侧站台边缘应高出轨面1.1m,场地一侧应适应汽车地板高度,宜高出地面1.1~1.3m。

普通货物站台按其与货物线的配置形式可分为侧式站台、尽端式站台和综合式站台。

尽端式站台是用来装卸能自行移动的带轮子的货物,如汽车、坦克、拖拉机等。尽端式站台可以单独设置,也可以与普通货物站台合并设置(图5-5)。

图5-5　尽端式站台示意图

2.高站台

高站台是指站台面距货物线轨面高度大于1.1m的货物站台,即高于普通货车车地板的站台。它有利于将散堆装货物及不易破碎的小型货物装入敞车的作业,可以节省劳力,减轻劳动强度,缩短装车时间,加快车辆周转。采用高站台时应充分考虑地形、货物种类及货运量等条件,避免造成浪费。

高站台可分为平顶式高站台、滑坡式高站台和跨线漏斗式高站台3种。

(1)平顶式高站台。

平顶式高站台结构与普通货物站台相似,站台高度一般为1.8~3.3m,适用于煤炭、矿石、小型原木等货物的装车作业。可在平顶式高站台一侧布置货物线,称为单面高站台;也可在其两侧均匀布置货物线,称为双面高站台。双面高站台的两条货物线可同时装车。站台的宽度应根据堆货量、货物品类、搬运工具所须道路宽度、装卸机械作业宽度等因素确定,单侧装车时适宜高度为12~18m;双侧装车时为20~30m。站台的长度除应满足堆货量的需要外,还应满足取送车组长度的要求。

(2)滑坡式高站台。

滑坡式高站台是利用货物自重滑溜装车的设备,适用于将煤、矿石等散粒状货物装入敞车的作业,如图5-6所示。

(3)跨线漏斗式高站台。

跨线漏斗式高站台是一种高效率的装车设备,适用于敞车装载散粒状货物,一般多设在铁路专用线或专用铁路上。

图5-6 滑坡式高站台示意图

三、仓库

仓库是为了存放易受自然条件影响的货物、危险货物和贵重货物,在普通货物站台上修建的封闭式建筑物。

1. 仓库的分类

(1)按层数分。

仓库按层数可分为单层仓库、双层仓库和多层仓库。货场内的仓库一般用来临时存放货物,由于搬运作业比较频繁,为了便于作业,多采用单层仓库。仅在货运量大、地形狭窄、改建困难、有相应的装卸机械设备时,才考虑采用双层或多层仓库。

(2)按与货物线的配置形式分。

仓库按与货物线的配置可分为库外布置货物线和跨线仓库两种形式。货场多采用库外布置货物线的形式,如图5-7所示。但在多雨雪、风沙大或气候寒冷的地方,如果作业量较大,可采用库内布置货物线,即跨线仓库,如图5-8所示。跨线仓库的优点是仓库内作业,不仅改善了装卸人员的劳动条件,还可以保证装卸作业不间断,以及货物免受湿损。

图5-7 库外布置货物线的仓库示意图

图5-8 跨线仓库示意图

2. 仓库的设置

为了便于装卸作业,仓库应设置在普通货物站台上,与货物线及货场道路综合布置。

仓库两侧应设置雨棚。雨棚的宽度应伸至站台边缘,在多雨雪的地区,作业繁忙的大、中型货场,雨棚宽度要大一些,铁路一侧为 2.05m,如果装卸敞车,则为 3.75m,场地一侧为 3.5m。雨棚的净高,铁路一侧距轨面为 5m,场地一侧距地面高度通常为 4.5m。

3. 仓库长度和宽度的确定

仓库的宽度应根据货运量、货物种类、作业性质、货位宽度、货位排数,及采用的装卸机械类型等因素确定。仓库的宽度既要满足存放货物的需要,又要为装卸机械化作业创造便利条件,从而提高装卸作业效率。

仓库的宽度可按下列规定选用:

(1)仓库总面积小于 $600m^2$ 时,宜采用 9~12m;

(2)仓库总面积为 600~1000m^2 时,宜采用 12~15m;

(3)仓库总面积大于 1000m^2 时,宜采用 15~18m 或 18m 以上;

(4)采用叉车作业时,仓库宽度不应小于 15m。

四、雨棚

雨棚,也称货棚,是指为了避免货物受自然条件影响,在普通货物站台上修建的有顶棚的,用来存放怕湿、怕晒的货物的建筑物。

按其与货物线的布置形式,雨棚分为一般雨棚和跨线雨棚两种。一般雨棚的货物线布置在雨棚的一侧或两侧;跨线雨棚的货物线布置在雨棚内部。多雨雪地区可设置跨线雨棚。

雨棚的造价比仓库低廉,但是对货物的保管不如仓库安全,雨棚的设计要求与仓库基本相同。

五、货物站台、仓库、雨棚与货物线的配置

1. 配置要求

货物站台、仓库、雨棚与货物线的配置,应有利于取送车、装卸作业及搬运车辆的停留与走行,并尽量节省铺轨和用地。相互间的尺寸如下:站台边缘至货物线中心为 1.75m;仓库端墙至站台端部坡顶不小于 2m;车挡距最近库门中心不小于 17m,车挡距站台端部坡顶不小于 10m,车挡至阶梯的垂直站台墙边缘可按 2m 考虑。

2. 配置形式

(1)矩形布置。

矩形布置形式的货物线较长,容车数较多,有利于成组装卸;当在同一线路上进行双重作业时或向相邻货位调移车辆时比较方便。矩形配置易于改建、扩建,因此被广泛采用。

①一台一线的配列形式。一台一线的配置形式结构简单,造价低,占地少。在货运量不大的中、小型货场和货区内,货物到发量不平衡、货源不稳定时,适合采用这种配置形式。如图5-9 所示。

②两台夹一线的配列形式。两台夹一线的配置形式有利于组织双重作业,缩短车辆周转时间和减少调车作业量,提高装卸作业效率和货物运输效率。在大型货场内,怕湿货物运量较大且到发量大致平衡,货源相对稳定时,适合采用。如图5-10 所示。

图 5-9　一台一线式矩形仓库布置图

图 5-10　两台夹一线矩形仓库布置图

③两台同侧一线的配列形式。两台同侧一线的布置形式是将较长的仓库分成两节,并在两仓库间铺设渡线。取送车比较方便,但是占地面积较大,这种布置适用于调车作业较多或地形窄长的货场,一般很少采用。如图5-11所示。

④多台夹三线的配列形式。多台夹三线的配列形式仓库多、线路长,可以分类集结较多的货物,而且可以利用中间一条线路挑选和存放车辆,但占地面积大。这种布置形式适用于货物种类复杂、作业量较大的货场及港口、码头仓库。如图5-12所示。

图5-11 两台同侧一线矩形仓库布置图　　　　图5-12 多台夹三线矩形仓库布置图

⑤三台夹两线的配列形式。三台夹两线的布置形式结构紧凑,便于管理,大多修建为跨线仓库或雨棚,有利于零散货物的配装作业,提高作业效率,减少运输成本。这种配置形式适用于货运量较大的货场。如图5-13所示。

（2）阶梯形布置

阶梯形配置形式,各货物线的取送车作业可以单独进行,互不干扰。这种配置形式线路短,容车少,容易发生车辆与站台端部相撞的事故,安全性差。在货物种类复杂、取送车次数频繁、场地较宽时可采用这种配置形式。如图5-14所示。

图5-13 三台夹两线矩形仓库布置图　　　　图5-14 阶梯形站台仓库布置图

六、场库设备占地面积的计算

堆货场、货物站台、仓库和雨棚等货场场库设备的面积包括有效面积和辅助面积两部分。有效面积是指直接用来堆放货物的面积,辅助面积是指用来搬运、装卸和检查货物的走行通道、货位间隔及设置衡器等所占用的面积。

场库设备占地面积(A)应根据货运量、货物保管期限及单位面积堆货量等因素确定。可根据如下公式计算:

$$A = \frac{Q\alpha t}{365p} \tag{5-1}$$

式中：Q——堆货场、货物站台、仓库或雨棚的年度货运量,t;

α——货物到发的不平衡系数,大、中型货场采用1.1~1.5,小型货场采用1.3~2.0;

t——货物占用货位时间,日,一般可按表5-1取值;

p——堆货场、货物站台、仓库或雨棚的单位面积堆货量(包括辅助面积在内),t/m^2,

一般可按表 5-1 取值。

各类货物货车平均静载重、单位面积堆货量、货位宽度和占用货位时间　　表 5-1

序号	货 物 品 类		货车平均静载重 (t)	单位面积堆货量 (t/m²)	货位宽度 (m)	占用货位时间(日)	
						到达	发送
1	整车怕湿货物		39	0.5	4~6.5	3	2
2	普通零散货物	到达	26	0.2	9	3	—
		发送	26	0.25	9	—	2
3	混合货物		34	0.3	8	3	2
4	整车危险货物		38	0.5	5.5	3	2
5	整车笨重货物		41	1	4	4	2
6	散堆装货物		54	1	4	3	2
7	集装箱货物		25	0.26	—	3	2
8	露天站台货物		48	0.25~0.45	6.5~12	3	2

货物到发的不平衡系数可按式(5-2)计算：

$$\alpha = \frac{Q_月}{Q/12} \tag{5-2}$$

式中：$Q_月$——最繁忙月的货物到发运量，t。

在确定年度货运量时，要注意有些车站到达或发送的货物并非全部都经由场库设备保管，在有大量直装直卸作业，办理路企直通运输以及衔接专用线(专用铁路)的车站，大量货物都不经由货场场库设备保管。因此，在考虑年度货运量时，应将不经由场库设备保管的那部分运量扣除。

例题 5-1　场库面积计算。某车站年发送运量 80 万 t，其货场运量占 55%，试计算该货场场库面积。

解：根据式(5-1)，查表 5-1 得：

$$A = \frac{Q\alpha t}{365p} = \frac{800000 \times 55\% \times 1.2 \times 2}{365 \times 0.5} \approx 5787 (\text{m}^2)$$

知识点 4　货场装卸设备

一、铁路货物装卸机械化的意义和要求

1. 铁路货物装卸机械化的意义

装卸作业是货物运输过程中的重要环节。装卸作业的质量，不仅关系到货物的完整、行车的安全及货车静载重量的合理利用，还影响货车的周转速度。

铁路货车装卸机械化的意义表现在：

(1)提高装卸效率，节省劳动力，减轻装卸工人的劳动强度，改善劳动条件；

(2)缩短装卸作业时间，加速车辆周转，加快货物的运送速度，提高运输效率；

(3)提高装卸质量，保证货物的完整和运输安全，降低货物破损率；

(4)降低装卸作业成本；

(5)充分利用货位,加速货位周转,减少货物堆码的场地面积。

2. 铁路货物装卸机械化的要求

铁路在配置装卸机械时,应考虑如下原则:

(1)装卸机械类型要与货物种类相适应,一个货场内的同一类货物尽量采用同一类型的装卸机械;

(2)装卸机械能力须与装卸作业量相适应,以保证在规定时间内完成货物的装卸作业;

(3)装卸机械必须和其他设备相配套(例如:叉车与托盘、铲车与卸煤机等),以实现综合机械化;

(4)作业场地的面积和布置形式应满足装卸机械化的要求,以便充分发挥装卸机械的效用;

(5)加速车辆、场库等设备的技术改进,发展使用专用车辆运输以及广泛采用集装箱、集装笼等集装运输方式。

二、装卸机械的选配

在较大的货场内,应按货物品类、作业量及作业性质合理配置相应类型及性能的装卸机械。各类货物可参考表5-2选配装卸机械。

各类货物配备装卸机械类型表 表5-2

货物品类	装卸机械类型
成件包装货物	叉车(配托盘)、输送机、桥式起重机
集装箱运输货物	门(桥)式起重机、吊运机、叉车
长大笨重货物	门(桥)式起重机、吊运机
散堆装货物	翻车机、链斗式装(卸)车机、螺旋式卸车机、门(桥)式起重机、装载机、输送机、坑道输送机(配底开门车)
粉末颗粒状货物	气力输送装置
液体货物	鹤管、上卸及下卸装置

1. 成件包装货物装卸机械

成件包装货物主要有工业器材、日用百货、食品、药品、五金类货物等,这些货物的重量、大小、形状及包装形式各不相同。每件货物的重量为50~200kg。

(1)成件包装货物装卸机械的要求。

①为了适应棚车和仓库内作业,机械的外形尺寸和自重应尽可能小,以便顺利地出入棚车或仓库等,其起重能力不宜过大。

②能连续地完成装卸、搬运及堆码作业,并能自动攫取、提升和卸放货物,尽可能减少辅助作业所需的人力和时间。

③必须保持车辆及仓库的清洁卫生,避免货物受到污损,预防火灾。

④工作应平稳、可靠,操作灵活,并配有各种工具以扩大作业范围,减轻司机的劳动强度,提高作业效率。

(2)成件包装货物可选装载机械。

目前,铁路广泛采用叉车作为成件包装货物的装卸机械。除叉车外,输送机和桥式起重机也可用于装卸成件包装货物。

叉车,又称叉式起重机,是一种自行驱动并带有货叉、门架及提升机构的装卸机械。我国生产的叉车,按起重量分为 0.5t、1t、1.5t、2t、3t 和 5t 等规格;按动力分为内燃叉车和蓄电池叉车两种。

叉车通常与托盘配合作业。利用叉车在仓库内作业,通道的宽度应在 3.5m 以上。

2. 集装箱和长大笨重货物装卸机械

重量超过 2t,体积超过 3m² 或长度超过 9m 的货物,均属于长大笨重货物,主要包括机电设备、大型铸钢、铸铁件、各种钢材、混凝土构件及原木等。这类货物的外形、尺寸和重量差别很大,重量小的有 2~3t,大的有几十吨甚至上百吨。运送长大笨重货物,一般采用敞车、平车以及长大货物车。在铁路上广泛使用起重机装卸长大笨重货物和集装箱。集装箱还可用正面吊运机和叉车进行装卸。

起重机主要包括门式起重机、桥式起重机和旋转式起重机正面吊运机 4 种。

(1)门式起重机。

目前,铁路上采用的门式起重机,起重量一般为 5~20t,多数为 10~15t,跨度一般为 16~32m,起升高度一般为 9~12m。根据经验,设置一台起重机时,走行线长度约 100m 为宜,设置两台起重机时,走行线长度在 140~210m 为宜。

(2)桥式起重机。

桥式起重机的技术性能和用途与门式起重机大致相同。根据桥架结构的不同,桥式起重机可分为单梁桥式起重机和双梁桥式起重机两种。铁路货场采用的电动单梁桥式起重机的起重量一般不超过 10t,跨度为 5~17m,起升高度一般为 16m;电动双梁桥式起重机的起重量一般为 10~30t,跨度为 10.5~31.5m,起升高度为 12~16m。桥式起重机具有重量大、工作速度快、作业效率高、维修量小等特点,但是桥式起重机必须沿着作业场地修建桥墩,其投资大,给货场的改建、扩建带来困难,同时影响货位的利用率。因此,铁路货场新配备的装卸机械中,很少采用桥式起重机,桥式起重机逐渐被双悬臂门式起重机取代。

(3)旋转式起重机。

旋转式起重机是一种依靠臂架或整个起重机的旋转,移动被提升货物的起重机。旋转式起重机可分为固定式旋转起重机和运行式旋转起重机两种。铁路上常用的旋转式起重机主要有:固定式简易旋转起重机、在轨道上运行的旋转起重机、在道路上运行的旋转起重机。

(4)正面吊运机。

正面吊运机可用于 20ft、40ft 集装箱和长大笨重货物的装卸、堆码及堆货场内的水平运输,与叉车相比,其具有机动灵活、操作方便、稳定性好、堆码层数较高、堆货场利用率高等优点。

3. 散堆装货物装卸机械

在运输保管中不加包装而成堆堆放的各种块状、粒状和粉末状货物,均属于散堆装货物。散堆装货物主要包括煤炭、矿石、砂石、石灰等铁路大宗运输货物。这类货物在铁路运量中约占 60% 以上,通常都用敞车装运。

散堆装货物装卸机械的要求是:散堆装货物多属粉粒状或碎块状货物,要求装卸机械的性能必须与此相适应;机械的装卸效率要高,要能进行整列或成组装卸;在装卸过程中,货物的装卸对车辆的损伤小、对环境的污染程度低。

铁路上常用的散堆装货物装卸机械主要有翻车机、螺旋式卸车机、抓斗门式起重机、装卸机、输送机等。

知识点5　货位管理

货位是装车前或卸车后暂时存放货物的地点。正确地划分货位和合理地使用货位,有利于组织直达列车和成组装车,能保证按货场作业方案出车,同时也能保证装卸作业中人身、货物和设备的安全,便于装卸车作业和取送车作业的进行,能减少装卸作业与进出货搬运作业的交叉干扰,也直接影响着货场的作业效率。

一、货位的划分和标记

货位的划分应根据货场的具体条件因地制宜地划分。整车货物原则上是能装满一车的货物,其面积一般为 $80 \sim 100 \text{m}^2$,宽度为 $6 \sim 8 \text{m}$。零散货物则以集结一个去向或一个到站的货物为一个货位。集装箱货位则可适当增大。

整车货物货位一律按号码制标记,即仓库、站台和堆货场分别按照顺序编号。发送零散货物货位可按去向、到站标记,到达零散货物货位采用号码制。集装箱货位采用号码制。货位标记应标在明显处,标记时可用油漆写在墙壁、地面上,也可用木牌或金属牌悬挂在铁丝上或钉在枕木上。

二、货位的使用

货位的布局与线路的配列形式通常有平行式和垂直式两种。平行式配列,即货位长的一边与线路平行;垂直式配列,即货位长的一边与线路垂直,短的一边与线路平行。堆货场一般采用平行式货位,仓库、雨棚、站台通常采用垂直式货位。

货位的使用要有利于卸后车辆的利用,提高双重作业比重;有利于人身、货物、设备的安全,便于装卸作业和取送车作业;有利于提高调车作业效率。实际工作中,货位的使用形式有以下几种。

1. 一线两侧装卸货位

线路一侧固定为装车货位,另一侧固定为卸车货位。一线两侧装卸货位的优点是一批作业车数多,便于双重作业,进出货不干扰。这种货位形式适用于货运量大、到发量相当的车站或货区。如图 5-15 所示。

图 5-15　一线两侧装卸货位

2. 一线装卸间隔货位

在一条装卸线上,装卸车货位间隔固定。一线装卸间隔货位的优点是卸后空车可直接用于装车。缺点是调送车需要拉开空当,进出货相互干扰。这种货位形式适用于运量小、装卸线少、线路仅一侧有货位且无调车机的车站。如图 5-16 所示。

图 5-16　一线装卸间隔货位

3. 一线装卸分段货位

一条装卸线上只有一侧有货位,一段固定为装车货位,另一段固定为卸车货位。一线装卸分段货位的优点是卸后空车只要稍作移动即可装车;缺点是一次送入作业车数少,若卸后空车不适合装车,将会增加调车作业量。这种货位形式适用于一批作业车不多又无调车机的车站。如图 5-17 所示。

图 5-17　一线装卸分段货位

4. 一线装卸平列货位

在线路一侧外边是装车货位,里边是卸车货位。一线装卸平列货位的优点是一次作业车数多,卸后无须调车就可直接装车,但装车搬运距离长,进出货相互干扰。这种货位形式适用于受地形限制、线路不多且一侧地面较宽的中小站。如图 5-18 所示。

图 5-18　一线装卸平列货位

货场内的进货、装卸和取送车作业,都是根据货位占用情况编制计划的。因此,必须正确地掌握货位,以便有预见地组织日常货运作业。

货位的占用情况,一般由货调员或货运值班员(或货区计划货运员)掌握。发送货位由内勤计划货运员掌握。

三、货位周转时间的计算

货位周转时间($T_{货}$,单位为日)是指自货位第一次被占用时起,到第二次被占用时止的时间。它是衡量货位利用效率的主要指标。其计算方法有累积计算法和近似计算法两种。

1. 累积计算法

以一定时间内发送及到达物占用货位的总时间除以该时期内的装车与出货车数之和。

$$T_{货} = \frac{T_{发} + T_{到}}{U_{装} + U_{出}} \times \frac{1}{24} \tag{5-3}$$

式中:$T_{发}$、$T_{到}$——分别为一定时期内发送货物、到达货物占用货位的时间,h;

　　　$U_{装}$、$U_{出}$——分别为一定时期装车数和出货车数。

累积计算法比较准确,但须进行细致的统计工作,使用不太方便,只是在查标时采用。

2. 近似计算法

以 24h 为一个时间间隔,每天 18:00 统计一次,不按货位分别统计,也不须考虑各个货位开始占用的时间,只要在 18:00 统计时为货位占用者,即按占用 24h 计算。

$$T_{货} = \frac{N_{昨}^{重} + N_{今}^{重}}{U_{装} + U_{出}} \times \frac{1}{2} \tag{5-4}$$

式中:$N_{昨}^{重}$、$N_{今}^{重}$——分别为昨日 18:00 以及今日 18:00 的重货位数。

为了使计算更准确,可以 12h 为统计单位。这样可以较好地反映白班和夜班的情况。

$$T_{货} = \frac{N_{早}^{重} + N_{晚}^{重}}{U_{装} + U_{出}} \times \frac{1}{2} \tag{5-5}$$

式中:$N_{早}^{重}$、$N_{晚}^{重}$——分别为早 6:00 以及晚 18:00 的重货位数。

近似计算法无法反映长期占用货位的情况,因此,在计算时必须结合统计表或货位示意图,注意了解货位长期占用的原因,并重点加以掌握。

知识点6　货场作业管理

货场的功能是在货场作业的"两大过程、三个环节"中通过协调路内外各部门来实现的,两大过程是指送到达车—卸车—搬出和进货—装车—取车挂运,三个环节是指进出货、装卸车和取送车。

一、货场出车安排

货场出车安排就是安排已装妥货车的出车时间、出车内容和出车数量。出车时间就是要求按所装货车编入列车的开车时间出车;出车内容就是要求按所编列车的编组计划内容出车;出车数量就是按所编列车要求的车数出车。根据车站的货物发送量、设备能力及作业性质,货场的出车安排有以下三种。

1. 定点、定线、定编组内容出车

定点、定线、定编组内容出车就是按列车的到站、运行线和列车编组计划整列或成组出车。这是矿区站和大货运站采取的一种高效率的组织形式。它不是靠调车作业和车辆集结时间组织列车或车组,而是靠完善货运计划和执行货场作业方案来实现。因此,必须掌握发车规律,分析到发车流特点,按本站或前方技术站的列车编组计划的编组内容,选定运行线和出车时间,并注意以下三个问题。

(1)卸大于装的车站要求整列排空时,首先应按数量安排整列排空车。

(2)重车出车内容。按本站或前方技术站列车编组计划的组号,组织成组装车或成列装车。

(3)重车出车时间。应根据空车来源,保证有足够的装车时间、取送作业时间、列车编组时间和出发作业时间。

2. 按阶段定时、定内容出车

将一个班分成几个阶段,规定出车时间、出车内容,但不定出车数量。这是有大货场的编组站所采用的一种方法,有利于货场均衡作业,可使调车组有规律地工作。

3. 按规定作业列车的要求出车

这是中间站货场采用的一种出车办法。

二、卸车和出货组织

货场作业一般是以卸定装、以搬促卸。如果出货缓慢,无空货位卸车,则会导致进站货物无货位存放。加强卸车和出货,不但要有足够的设备,装卸和搬运力量,还要有科学的组织方法。

1. 合理运用货场设备

根据货物品类,制定定线、定仓、定机械、定作业的货位使用和管理的制度,充分发挥装卸机械作业效率;安排货位时,对大宗货物采用一线卸车货位,零星货物采用一线两侧装卸货位或一线混合货位,以便减少调车,有利于出空和双重作业;大宗货物和不易搬运的货物,应安排在出货方便的货位上,为加速出货创造条件。

2. 科学地安排卸车计划

应严格按照货场固定线路、固定货位等货场管理制度制订卸车计划,以便于出货搬运作业,卸车顺序应考虑卸空后的使用要求,避免增加不必要的调车作业量。

3. 加强出货组织

货场的出货主要由收货单位和搬运部门负责,铁路部门应从以下几个方面加强出货组织,提高搬运效率。

(1)根据到货情况和货位需要的缓急,安排出货顺序和时间。

(2)组织各单位联合派人驻站集中统一提货,联合搬运,提高搬运效率。

(3)配合交通和物资部门,大力开展联合运输;配合地方搬运部门,加速出货搬运。

(4)发展装卸机械化,缩短搬运时间,加速出货。

三、进货和装车组织

进货和装车作业组织的中心内容是按列车编组计划组织车流、安排货位,减少调车作业,以缩短车辆停留时间。

进货组织应根据装车计划的安排,集中组织进货,使进货、装车到车辆挂出能在时间上衔接起来,其内容符合编组计划的规定,按"大阶段(全日)去向均衡,小阶段去向集中"的办法组织装车,做到"货进齐就装车,装好就取送,连挂即可成列或成组"。这样既可减少调车作业量,又可缩短车辆停留时间,同时也能加速货位周转。

1. 按线分方向固定发送货位

运量大的一线一个去向,以便大钩出车;运量小的分段固定去向,以便成组出车。一线一个去向固定发送货位如图5-19a)所示;分段固定发送货位如图5-19b)所示。

图 5-19　按线分方向固定发送货位

2. 插花进货,分方向组织装车

在发送货位紧张或各去向、运量变动较大时,不能按线或分段固定货位,可以由进货货运员安排货位,允许插花,但同一去向的货流占用货位时必须符合同一去向顺序,以便按阶段分去向组织装车时,仍可达到不用调车即可成组装车的目的。插花进货货位使用示意图如图 5-20 所示。

图 5-20　插花进货货位示意图

3. 大宗货物按户定吨不定车数(即月计划有车数,但不计日常车数)

在装车时,只要货种适合车种,不论其吨位大小都可安排装车,只有到最后一批货物装车时才注意货车吨位,以免出现货物数量不足、浪费载重量或剩余货物装运不出的情况。

四、取送车安排

为了保证货场装卸作业的均衡进行,压缩货车在货场的停留时间,做到按运行图规定的运行线出车,必须妥善安排货场取送车作业。

定时取送车是货场作业方案的基本内容之一,取送车作业要实现定时运行,必须对全站工作进行统筹安排,加强各方面工作的计划性,摸清货场作业规律。在确定每日取送车次数、时间时,应考虑不能使调车机过度繁忙,同时,对车流和货场作业特点进行具体分析后,制订出适宜的取送车计划。

(1)对大宗挂线到达的货物,应在保证有足够的装卸时间和不影响出车的原则下,优先安排大宗挂线到达的货物取送时间。

(2)对挂线装车的车辆,应根据空车来源,在保证按列车运行线发车组织出车的原则下,重点安排取送时间。为了减少调车作业,同一时间安排的装车点不要过多或过于分散。

(3)零星分散车辆,最好采取集中定点取送办法。对于在有相当运量的专用线和货场内的零星车辆,应在保证装卸作业均衡的原则下,分阶段定时取送。

(4)货场定时取送,必须注意上一班为下一班留好作业车,打好基础。

货场作业方案的各项基本内容之间是相互联系,相互影响和相互制约的。为了能制订出较优的货场作业方案并将方案付诸实践,应全面分析货场的取送车能力、机械设备和劳力的装卸能力、进出货搬运能力、货位能力,针对各项作业能力的薄弱环节,采取有效的措施。这样才能提高货场作业的综合效率。

单元4　专用线管理

一、专用线(专用铁路)概念

专用线是指厂矿企业自有的线路,与铁路营业网相衔接,并由铁路负责车辆取送作业的企业铁路。

专用铁路是指货运量较大的厂矿企业自有的线路,与铁路网相衔接,具有相应的运输组织管理系统,以自备机车动力办理车辆取送作业的专用线。

专用线、专用铁路一般统称为专用线。

铁路车站应该配合厂矿企业做好专用线的运输组织和管理工作。货主在运单上指明到达专用线卸车时,不得强制在货场或其他专用线卸车。货主未指定专用线卸车时,不得将货物强制送往专用线。在专用线卸车时,铁路要加强交接检查,确保装载质量。

二、专用线管理的基本要求

专用线运输是铁路运输的重要组成部分。车站专用线货运员和企业运输员(即企业办理运输的人员),均应接受铁路的专业培训,培训合格后持证上岗,并应保持人员的相对稳定。

专用线内应有足够的装卸车能力,设有专人值班,做到随到随卸、随到随装。专用线货位要专用化,不得随意变更或挪用。

专用线管理的基本要求是:

(1)要具有良好的技术设备和科学管理方法,保证企业不间断地生产,装卸车作业昼夜不停地进行,而且能保证行车安全、车辆和货物的完整。

(2)要以运输方案为中心编制统一技术作业方案,大力组织定点、定线、定编组内容的三定列车和成组装车。在编制方案时,不仅要考虑提高运输效率,而且要考虑到满足企业的生产需要。

(3)为保证专用线的安全,应建立健全必要的规章制度,使专用线逐步做到作业标准化、工作制度化、卫生清扫经常化、管理货场化,达到专用线安全、整洁、畅通的基本要求。

(4)实行经济管理。铁路和专用线要划分经济责任,建立健全统计分析制度,做到日有统计、旬有分析、月有总结。

三、专用线基本制度

1. 岗位责任制

车站与专用线产权单位分别对在专用线工作的铁路调车人员、货运员和企业运输员、装卸工等制定岗位责任制度,明确各岗位的工作内容、分工和责任。

2. 分区、分线、分库使用制

股道较多、作业量较大的专用线,可根据设备特点和作业性质,实行货位、线路固定使用及仓库分库管理负责制。

3. 检查交接制

对在专用线内作业的货物、车辆、篷布等,路企双方必须制定检查交接制度,明确内容和责任。铁路和企业双方应正确填写货车调送单,按规定办理交接。

4. 预确报制度

车站与企业应制定预确报制度,双方指定专人负责交接工作。车站向企业通报装车计划、到货情况和取送车确报。企业向车站通知装卸车完毕时间。

5. 统计分析制度

各级铁路货运管理部门,要认真编制和填写报表,建立设备统计台账。铁路局集团公司在每年 1 月将上一年度的"专用线运用情况表"上报国铁集团。

四、专用线作业管理

1. 送车作业

车站应按企业使用车要求拨配状态良好的货车。车站在向专用线送车前,按协议规定时间,向专用线发出送车预确报。内容包括:空、重车数,车种,货物品名,收货人,去向,编组顺序,送车时间。专用线接到预报后,应立即确定装、卸车地点,并做好接车准备。专用线运输员接到确报后,应及时打开门栏,提前到线路旁准备接车。货车送进后向调车人员指定停车位置,调车人员按其指定股道、货位停车。

2. 装卸车作业

装车时,应充分利用货车的载重量和容积,但不得超过货车容许载重量。必须防止货物的装载出现超载、偏载、集重、亏吨、倒塌、超限和途中坠落。

企业运输员要负责监装,向装车人员说明注意事项,随时检查装载加固是否符合规定。

装车后,企业运输员负责检查车门、窗、阀是否关闭妥当,需要施封的货车按规定施封,需苫盖篷布的货物,按规定苫盖好篷布。填写装车登记簿,通知车站装车完毕时间。

卸车时,企业运输员要向卸车人员说明注意事项,检查安全防护设施,并负责监卸。

卸车后,企业应负责将车辆清扫干净,需要洗刷、消毒、除污的应按规定及时处理,如有困难可向车站提出协助,费用由委托方承担。关好车门、窗、盖、阀。拆除车辆上的支柱、挡板、三角木、铁线等,恢复车辆原来状态。检查货物堆码状态及与货物堆码处线路的安全距离。检查卸下的篷布是否完整良好,需晾晒的要晾晒,并按规定将铁路货车篷布送回车站指定地点。

企业运输员要正确填写卸车登记簿,通知车站卸车完毕时间。

3. 专用线的交接

铁路专用线货运员会同企业运输员,在运输协议规定的地点,使用货车调送单按铁路规定办理交接。施封的货车凭封印交接;不施封的货车、棚车、冷藏车凭车门、窗关闭状态交接;未苫盖篷布的敞车、平车、砂石车,凭货物装载状态或规定标记交接;已苫盖篷布的,凭篷布现状交接。

铁路货车篷布、企业自备篷布及需要回送的货车装备物品和加固装置,应在货车交接的同时一并办理交接。

专用线内装车的货车,车站发现有下列情况之一时,应加以改善,达到标准后接收。

(1)凭封印交接的货车,发现封印脱落、损坏、不符、印文不清或未按施封技术要求进行施封。

(2)凭现状交接的货物,发现货物装载加固状态或所做的标记有异状或有灭失、损坏痕迹。

(3)规定应苫盖篷布的货物未苫盖、苫盖不严、使用破损篷布或篷布绳索捆绑不牢固。

(4)车门、车窗未关严(需要通风运输的货物除外),车门插销未插牢固。

(5)使用敞车、平车或砂石车装载的货物,违反《铁路货物装载加固规则》的要求。

(6)违反铁路规定的货车使用限制或特定区段装载限制。

五、专用线共用(含专用铁路)

专用线共用是指在保证专用线产权单位运输需要和专用线有设备能力富余的前提下,与一定范围内的其他单位,共同使用该专用线办理铁路货物发到业务。

专用线共用包含两个方面:一是原来由一家使用的专用线变为几家企业共用的专用线;二是由几家企业合资修建专用线,共同使用。共用专用线是为了缓解铁路货场作业压力,保证货场通畅,挖掘专用线潜力,满足国民经济发展的需要。

专用线共用不只是线路共用,机车和装卸劳力均可由统一的运输指挥机构指挥和调配,因此,共用专用线时必须遵循下列原则:

(1)不影响原专用线企业运输生产的需要;

（2）铁路运营主业货场工作量不饱和时，不准办理专用线共用；

（3）充分考虑共用各企业生产的性质、货物品类及保密要求，确保运输安全和货物完整；

（4）应坚持自愿互利、有偿共用、就地、就近、方便货主的原则；

（5）专用线办理共用的货物品类和业务范围，原则上不应与原设计的办理内容有别。严格控制专用线办理危险货物、超限、超长和集重货物的共用。

在保证专用线产权单位运输的前提下，由共用单位、产权单位、车站三方共同签订共用协议。车站在签订协议前应征得铁路局集团公司的同意。实行共用的专用线，车站与专用线产权单位、共用单位间取送车作业和货物交接的要求，同于专用线运输的各项要求。专用线共用管理要逐步走向货场化、规范化、制度化。

组织专用线共用，可以提高专用线的使用效率，减少短途搬运的距离，既提高了运输效率，又减轻了货场负担，缓和运量与运能之间的矛盾，从而更好地为企业服务。

拓展知识　货场作业能力的计算

1. 货场取送车能力 $N_{取送}$

货场取送车能力 $N_{取送}$ 是指调车机一昼夜能完成货物作业车的取送车数，可按式(5-6)计算：

$$N_{取送} = CN_{车} \alpha \tag{5-6}$$

式中：$N_{取送}$——货场取送能力，车/日；

C——每昼夜取送车次数，次/日；

$N_{车}$——一次最大取送车辆数，车；

α——货场双重作业系数。

货场取送能力取决于取送车次数、每次最大取送车数和双重作业系数。每昼夜取送车次数取决于调车能力及作业能力、每次取送作业时间等。较大货场的取送车次数受每一批车辆的作业时间和取送时间限制，即

$$C = \frac{24}{T_{作业} + t_{取送}} \tag{5-7}$$

式中：$T_{作业}$——每一批车的作业时间，h；

$t_{取送}$——调车机每取送一次的时间，h；

24——一昼夜的小时数。

2. 货位能力 $N_{货位}$

货位能力 $N_{货位}$ 是指货场的货位每昼夜可以进行装卸作业的车数，可按式(5-8)计算：

$$N_{货位} = \frac{N_{货} K}{T_{货位}} + N_{直} \tag{5-8}$$

式中：$N_{货位}$——货位能力，车/日；

$N_{货}$——货场现有货位数；

K——货位有效利用数；

$T_{货位}$——货位周转时间，日；

$N_{直}$——每昼夜直装直卸不占货位的车数，车/日。

3. 搬运能力 $N_{搬运}$

搬运能力 $N_{搬运}$ 是指利用搬运机械、工具和人力，一昼夜内从货场搬出、搬进的车数或货

物吨数,即

$$N_{搬运} = N_{出} + N_{进} \tag{5-9}$$

式中:$N_{出}$——每昼夜能搬出货物的车数;

$N_{进}$——每昼夜能搬进货物的车数。

货场搬运能力通常还可以用每昼夜搬运的货物吨数来表示,即:

$$Q_{搬} = P_{静}(N_{出} + N_{进}) \tag{5-10}$$

式中:$Q_{搬}$——货场搬运能力,t/日;

$P_{静}$——货车平均静载重,t/车。

为了提高货场搬运能力,一是要有足够数量的搬运机械、工具和人力,并要求货场通道满足搬运需要;二是要完善出货组织工作,合理调度搬运工具,提高搬运效率。

4. 装卸能力 $N_{装卸}$

装卸能力 $N_{装卸}$ 是指一昼夜内货场能完成的装卸车数,即

$$N_{装卸} = N_{机} + N_{车} \tag{5-11}$$

式中:$N_{机}$——各种装卸机械完成的装卸车数,车/日;

$N_{车}$——人力完成的装卸车数,车/日。

装卸作业能力的大小由实际作业的机械数量、装卸工组数以及作业效率决定。

模块小结

通过本模块的学习,了解货场场库设备、装卸设备以及货场的分类与配置图,掌握货场装卸车作业情况,能够完成装卸任务,从而提高货运设备工作效率。了解专用线(专用铁路)作业管理的内容。

复习思考题

1. 什么是货场? 什么是货场管理?

2. 货场的配置图有哪几种? 试述其优缺点。

3. 堆货场、货物站台、仓库、雨棚分别适合哪类货物选用?

4. 货物站台是如何分类的?

5. 什么叫货位? 如何划分货位?

6. 什么叫货位占用周转时间? 如何进行计算?

7. 货场装卸设备有哪些?

8. 什么是专用线,什么是专用铁路?

9. 某站拟新建一座发送仓库,用以存放整车怕湿货物。该站此类货物的年度发送量为16万吨,货物发送的不均衡系数为1.2,其中有5%的货物在货场内直接换装,该仓库的设计宽度为18m。计算:

(1)该仓库的需要面积;

(2)该仓库的设计规格。

模块 5　实训工单

班级：_____姓名：_____学号：_____时间：_____

一、训练目标

1. 专业能力目标：

(1) 能说出货场管理的主要内容；

(2) 能熟悉货场设备并对其进行管理；

(3) 能根据专用线运输设备的状况，合理组织铁路专用线运输。

2. 方法能力目标：

能综合运用铁路普通货物运输专业知识，通过利用铁路普通货物运输专业书籍、课件和相关规章资料获得帮助信息。

3. 社会能力目标：

(1) 在实习训练中保持积极向上的学习态度；

(2) 能与小组成员和教师就学习中的问题进行交和流沟通；

(3) 能与他人共享学习资源的，具有较好合作能力和团队协作精神。

二、知识总结

1. 铁路货场管理的主要内容。

2. 铁路货场设备。

三、实训内容

1. 实地调研当地货场，并归纳货场内主要岗位及岗位职责。

序号	岗 位 名 称	岗 位 职 责
1		
2		
3		
4		
5		
6		
7		
8		

2. 根据货物特性,将货物存放场地、使用车辆、装卸机械类型填入下表。

特 性	货 物			
	成件包装	集装箱	长大笨重	散堆装
货物特性	集装货物件重 1t 左右	外形尺寸和重量固定(20ft,40ft)	外形尺寸重量差别大	块、粒、粉
存放场地				
使用车辆				
装卸机械类型				

3. 画出尽端式货场布置图,并说明其特点。

4. 画出贯通式货场布置图,并说明其特点。

四、实训小结

_____

_____

五、成绩评定

评价等级	表达能力	沟通能力	团队合作能力	实作能力	知识掌握能力
评价结果					

指导老师评语:

学习者签字: 日 期: 年 月 日

指导教师签字: 日 期: 年 月 日

附 录

货物运单托运人填写部分说明

附表1

序号	栏目名称		内容填写说明
1	托运人	发站(局)*	发站按"货物运价里程表"规定的站名完整填记,不得简称。局名,为系统自动生成
2		专用线	在专用线或专用铁路装车时,填写该专用线全称
3		名称*	填写托运单位的完整名称,如托运人为个人,则应填记托运人姓名和身份证号码
4		经办人	填写经办人姓名
5		手机号码	填写经办人手机号码
6		取货地址	选择上门取货服务时,应详细填写取货地点所在省、自治区、直辖市城镇街道和门牌号码或乡、村名称及取货人姓名
7		联系电话	选择上门取货服务时,应填写取货人电话号码
8	收货人	到站(局)*	到站按"货物运价里程表"规定的站名完整填记,不得简称。局名,为系统自动生成
9		专用线	在专用线或专用铁路卸车时,填写该专用线全称
10		名称*	填写收货单位的完整名称,如收货人为个人时,则应填写收货人姓名
11		经办人	填写经办人姓名
12		手机号码	填写经办人手机号码
13		送货地址	选择上门送货服务时,应详细填写送货地点所在省、自治区、直辖市城镇街道和门牌号码或乡、村名称及收货人姓名
14		联系电话	选择上门送货服务时,应填写收货人电话号码
15	付费方式*		客户可选择现金、支票、银行卡、预付款、汇总支付等方式,选择汇总支付或预付款时,应填写汇总支付或预付款的付费号码
16	领货方式*		客户可选择纸质领货或电子领货,选择电子领货时,在铁路货运网上营业厅设置领货经办人身份证号码、领货密码等信息
17	货物名称*		应按《铁路货物运价规则》附件三"铁路货物运输品名检查表",危险货物则按"铁路危险货物品名表"所列的货物名称完整、正确填写。托运危险货物并应在品名之后用括号注明危险货物编号。"铁路货物运输品名检查表"或"铁路危险货物品名表"内未列载的货物,应填写生产或贸易上通用的具体名称,但须用《铁路货物运价规则》附件一"铁路货物运输品名分类与代码表"相应类项的品名加括号注明; 按一批托运的货物,不能逐一将品名在货物运单内填记时,须另填物品清单,承运后由车站打印一式两份,加盖车站承运日期戳,托运人签章,一份由发站存查,一份交托运人; 需要说明货物规格、用途、性质的,在品名之后用括号注明

续上表

序号	栏目名称		内容填写说明
18	件数*		应按货物名称及包装种类,分别记明件数,"合计件数"栏填写货物的总件数;承运人只按重量承运的货物,则在本栏填记"堆""散""罐"字样
19	包装		记明包装种类,如"木箱""纸箱""麻袋""条筐""铁桶""绳捆"等。按件承运的货物无包装时,填记"无"字。使用集装箱运输的货物或只按重量承运的货物,本栏可以省略不填
20	货物价格(元)		应填写该项货物的实际价格,全批货物的实际价格为确定货物保价金额的依据(托运人选择保价运输时,本栏为必填项)
21	重量(kg)*		应按货物名称及包装种类分别将货物实际重量(包括包装重量)用千克记明,"合计重量"栏,填记该批货物的总重量
22	箱型箱类		箱型填集装箱对应箱型,如"20""25""40""45""50"。箱类填集装箱对应箱类,如"通用标准箱""35t敞顶箱"等
23	箱号		填写包括箱主代码在内的11位集装箱箱号
24	集装箱施封号		填写集装箱的铁路施封锁号码
25	选择服务	上门装车	客户选择上门装车时,须详细填记货物单件规格、重量等特约事项
26		上门卸车	客户选择上门卸车时,须详细填记货物单件规格、重量等特约事项
27		保价运输、装载加固材料、仓储、冷藏(保温)	托运人根据需要选择的相应服务
28		其他服务	托运人、承运人双方认可的其他服务事项
29	增值税发票类型		需要开具增值税发票时,选择填记"普通票""专用票",并填记受票方名称、纳税人识别号、地址、电话、开户行及账号等信息
30	托运人记事		填写须由托运人声明的事项。例如: (1)货物有缺陷,但不致影响货物安全运输,应将其缺陷具体注明; (2)需要凭证明文件运输的货物,应将证明文件名称、号码及填发日期注明; (3)托运人派人押运的货物,注明押运人姓名和证件名称及号码; (4)托运易腐货物或"短寿命"放射性货物时,应记明容许运输期限。选择冷链(保温)运输时,应记明具体运输条件、要求; (5)使用自备货车或租用铁路货车在营业线上运输货物时,应记明"××单位自备车"或"××单位租用车"。使用自备篷布时,应记明自备篷布号码; (6)国外进口危险货物,按原包装托运时,应注明"进口原包装"; (7)托运零散快运货物时,应注明单件最大重量和单件最大的长、宽、高; (8)托运人要求办理铁路货物运输保险时,应注明"已投保运输险"; (9)其他按规定需要由托运人在运单内记明的事项
	签章*		托运人于货物运单打印完毕,并确认无误后,在此栏盖章或签字

注:带"*"的栏目为必填项。

铁路货车篷布作业质量标准

附表 2

作业项点	作业内容	作业质量标准
1. 计划申报	(1)根据已被批准的旬计划,将预计需要使用的货车篷布数量,于每月9日前上报调度,申报次旬货车篷布的使用数	(1)上报及时、准确
	(2)根据日装车计划,向调度申请货车篷布使用命令	(2)按计划申请;符合装车需要,命令记载完整
2. 发送前领取	篷布管理员接到"货车篷布交接单"后,由装车工组或专用线(按《专用线运输协议》规定办理)领取篷布	填记项目齐全,篷布号码清晰正确,绳索齐全,篷布质量符合规定
3. 到达后签认	篷布管理员接到货运员(外勤)或专用线货运员填写货车篷布交接单,对篷布验收确认,收回和保管签认后的通知单	填记签认正确、及时,保管齐全
4. 登记	(1)按日(班)将使用和到达篷布张数、号码、发站、到站记入《货车篷布到发登记簿》	(1)填记及时、正确,无遗漏,无篷布丢失
	(2)填记"篷布出入统计推算表"	(2)推算准确,不错不漏
5. 篷布管理	(1)将好、坏篷布分别存放、堆码	存放地点固定,堆码整齐,保管妥善,无损坏,账布相符
	(2)对篷布整理、折叠、清扫、晾晒、洗刷	
6. 报告	(1)每日填制"货车篷布报告"并上报	报告及时、统计准确
	(2)每日18:00向调度报告当日交接货车的篷布出入张数和结存数	
7. 篷布回送使用	(1)接到调度下达的篷布回送命令,篷管做好回送准备	(1)抄录命令准确,及时做好准备工作
	(2)检查篷布质量,清点篷布张数	(2)篷布质量良好,腰边绳齐全,号码清楚,张数正确局间回送符合规定要求
	(3)在"特殊货车及运送用具回送清单"上填写篷布总张数,在"货车篷布交接单"上填写篷布号码,一式两份,一份随篷布回送到站,一份留站存查;向临时营业线或地方铁路回送时,多填一份,留交接站存查	(3)回送清单调度命令、篷布数量等准确;篷布交接单上的篷布号码准确、齐全。回送到站无误,符合命令要求
	(4)组织装车	(4)装车符合规定
8. 到达	(1)整车回送时,检查装载现状并组织卸车	办理正确、处理及时
	(2)按清单和交接单清点张数,核对号码,检查质量	
	(3)登记《货车篷布到发登记簿》	
	(4)对发现的问题进行处理	

续上表

作 业 项 点	作 业 内 容	作业质量标准
9.送修	(1)将需要送修的货车篷布张数向路局篷调报告,申请下达送修命令	(1)报告及时、准确
	(2)根据篷调送修命令,填写"特殊货车及运送用具回送清单",将篷布向篷布修理单位回送修理。"特殊货车及运送用具回送清单"填写篷布总张数、篷布号码,篷布状况填制在"货车篷布交接单",一式三份,一份随货车篷布回送到站,一份留站存查,一份交篷布维修所	(2)回送清单调度命令、篷布数量等准确;篷布交接单篷布号码准确、篷布破损状态填记齐全。回送到站无误,符合命令要求。到站与篷布维修所交接清晰,责任明确,并在篷布交接单上签字

轮 渡 线 里 程 表 附表3

轮渡线名称	区　　段	里　　程
粤海轮渡线	海安南—海口	26km
江阴轮渡线	靖江南—江阴北	6km
渤海轮渡线	烟台北—旅顺西	189km

铁路杂费收费项目和标准 附表4

序号	收费项目	收 费 标 准	收 费 依 据
1	集装箱使用费	20ft 通用集装箱:运价里程 250km 以内,35 元/箱;运价里程 251km 以上,每增加 100公里加收 6 元/箱,不足 100km 的部分按100km 计算。40ft 通用集装箱使用费按20ft 通用集装箱的 2 倍计算	《关于 20 英尺 35 吨敞顶箱计费有关事项的通知》(铁总价电〔2016〕67 号)
2	接取送达费	起码里程10km 的费率:整车货物 13 元/t、零担货物 1.3 元/(100kg)、20ft 箱 300 元/箱、40ft 箱 450 元/箱。超过起码里程后费率:整车货物 0.6 元/(t·km)、零担货物0.06 元/100(kg·km)、20ft 箱 20 元/(箱·km)、40ft箱30 元/(箱·km)	《关于调整部分铁路货运杂费有关事项的通知》(铁总货〔2019〕46 号)
3	押运人乘车费	3 元/(人·100km)	《铁路货物运价规则》(铁运〔2005〕46 号)
4	货物保价费	按货物保价金额和规定的费率计算	《铁路货物运价规则》(铁运〔2005〕46 号)、《铁道部关于发布〈铁路货物保价运输办法〉的通知》(铁运〔1999〕71号)
5	取送车费	整车:8.1 元/(车·km);集装箱:40ft 8.1 元/(箱·km),20ft 箱 4.05 元/(箱·km)	《关于调整部分铁路货运杂费有关事项的通知》(铁总货〔2019〕46 号)

续上表

序号	收费项目	收费标准	收费依据
6	机车作业费	90元/半小时	《关于调整机车作业费、取送车费费率的通知》(铁运〔2008〕138号)
7	货物装卸作业费	按计费重量和规定费率计算	《关于修订并重新公布〈铁路货物装卸作业计费办法〉的通知》(铁运〔2005〕5号)、《关于调整货物装卸费浮动幅度的通知》(铁运电〔2013〕11号)、《关于印发〈铁路门到门运输一口价实施办法(暂行)〉的通知》(铁总运〔2013〕40号)
8	装载加固材料使用服务费	按所用材料成本价加15%计算	《关于调整部分铁路货运杂费有关事项的通知》(铁总货〔2019〕46号)
9	换装费	进口货物在国境站的换装费:整车普通货物每吨16元,其中炭黑、沥青、焦油及按危险货物运送条件运送的货物每吨32元。集装箱按国内标准规定计算 笨重货物的换装费率,整车货物每件重量501~1000kg每吨18元,1001~3000kg每吨22元,3001~5000kg每吨28元,5001~8000kg每吨35元,8001~15000kg每吨42元,15001~20000kg每吨52元,20001~80000kg每吨68元,超过80吨每吨80元;笨重危险货物按上述标准加50%计算 发送路用专用货车装运的小轿车,换装费按每吨24元计算原油:每吨(按货物重量,以下同)22元 其他液体货物,剧毒品每吨100元,有毒品每吨60元,其他液体货物每吨50元。每年11月1日至次年3月31日的冬季换装作业需加温时,每吨加收8元	铁路货物运价规则(铁运〔2005〕46号)关于调整货运杂费有关事项的通知(铁总运〔2017〕196号)
10	声明价格费	按运单记载的声明价格的3‰计算	《铁路货物运价规则》(铁运〔2005〕46号)
11	换轮作业费	每轴319元	《关于公布国境站液体货物换装费率的通知》(铁运电〔2003〕174号)
12	货车延期占用费	机冷车:1~10h的10元/(车·h),11~20h的20元/(车·h),21~30h的30元/(车·h),30h以上的40元/(车·h) 罐车:1~10h的6.5元/(车·h),11~20h的13元/(车·h),21~30h的19.5元/(车·h),30h以上的26元/(车·h) 其他货车:1~10h的5.7元/(车·h),11~20h的11.4元/(车·h),21~30h的17.1元/(车·h),30h以上的22.8元/(车·h)D型长大货物车:6.5元/(t·日)	关于调整货车占用费等3项收费标准的通知(铁总运电〔2014〕16号)

续上表

序号	收费项目	收费标准	收费依据
13	集装箱延期使用费	20ft 箱 60 元/(箱·日),40ft 箱 90 元/(箱·日)	《关于调整部分客货运杂费费率和公布铁路煤炭抑尘运输及费目费率的通知》(铁运〔2009〕224 号)
14	货车篷布延期使用费	D 型篷布 60 元/(张·日),其他篷布 30 元/(张·日)	《关于调整部分客货运杂费费率和公布铁路煤炭抑尘运输及费目费率的通知》(铁运〔2009〕224 号)
15	货车滞留费	每车每日 120 元。超过 5 日,从第 6 日起,每车每日核收滞留费 240 元。超过 10 日,从第 11 日起,每车每日核收滞留费 480 元。危险货物货车滞留费在上述标准基础上每车每日另加 10%	《铁路货物运价规则》(铁运〔2005〕46 号)
16	违约金	承运后发现托运人匿报、错报货物品名填写运单,致使货物运费减收或危险货物匿报、错报货物品名按一般货物运输时,按批核收全程正当运费 2 倍的违约金	《铁路货物运价规则》(铁运〔2005〕46 号)
17	运杂费迟交金	按运杂费(包括垫付款)迟交总额的 3‰ 核收	《铁路货物运价规则》(铁运〔2005〕46 号)
18	赔偿费	车辆配件赔偿费:按照铁路运输企业内部零部件价格和车辆维修费用标准执行 篷布赔偿费:按当年篷布购置价格赔偿 集装箱赔偿费:丢失或因损坏报废时,按市场重置价格赔偿。损坏时,按实际发生费用(包括修理费、修理回送费、延期使用费及吊装搬运费等)赔偿	《关于公布翻卸车维检费、机车出租费、货场场地出租费三项货运杂费的通知》(铁运〔2008〕87 号)《货车篷布管理规则》(铁运〔2007〕51 号)《铁路集装箱运输规则铁》(铁总运〔2015〕313 号)
19	仓储费	承运前交付后:整车货物 150 元/(车·日),零担货物 1.50 元/(100kg·日),20ft 箱 75.00 元/(箱·日),40ft 箱 150.00 元/(箱·日);仓储服务时:20ft 箱 75.00 元/(箱·日),40ft 箱 150.00 元/(箱·日),其他货物 2.50 元/(吨·日)	《关于铁路货运实行门到门运输及制定调整相关费目和费率的通知》(铁总运〔2013〕39 号)
20	合资、地方铁路及在建线货车占用费	冷藏车:6.5 元/(车·h) D 型长大货物车 10 元/(车·h) 其他货车 5.7 元/(车·h)	《关于调整货车占用费等 3 项收费标准的通知》(铁总运电〔2014〕16 号)
21	合资、地方铁路货车篷布占用费	D 型篷布 60 元/(张·日),其他篷布 30 元/(张·日)	《关于调整部分客货运杂费费率和公布铁路煤炭抑尘运输及费目费率的通知》(铁运〔2009〕224 号)
22	自备或租用货车停放费	40 元/(车·日)	《关于调整部分客货运杂费费率和公布铁路煤炭抑尘运输及费目费率的通知》(铁运〔2009〕224 号)

续上表

序号	收费项目	收费标准	收费依据
23	车辆使用服务费	在营业线上：冰冷车、家畜车4.00元/(t·日)；罐车、散装水泥车、粮食专用车3.60元/(t·日)；其他货车(机冷车、D型长大货物车除外)3.00元　在专用线、专用铁路上：冰冷车、家畜车8.00元/(t·日)；罐车、散装水泥车、粮食专用车7.20元/(t·日)；其他货车(机冷车、D型长大货物车除外)6.00元　机械冷藏车：单节型160元/(车·日)；5辆型660元/(车组·日)；9辆型1320元/(车组·日)长大货物车：标重180t以上8.6元/(t·日)；标重不足180t的5元/(t·日)	《关于调整部分客货运杂费费率和公布铁路煤炭抑尘运输及费目费率的通知》(铁运〔2009〕224号)
24	机车使用服务费	3050元/(台·日)，双节型机车加倍	《关于公布翻卸车维检费、机车出租费、货场场地出租费三项货运杂费的通知》(铁运〔2008〕87号)
25	路产专用线使用服务费	200元/(延米·年)	《关于调整部分客货运杂费费率和公布铁路煤炭抑尘运输及费目费率的通知》(铁运〔2009〕224号)
26	货运场地使用服务费	仓库：6元/(m²·月)，带雨棚站台：4元/(m²·月)，露天站台：3元/(m²·月)，露天场地(货位)：2元/(m²·月)。货场仓库、站台、场地均按月出租，不足一月按一月计算	《关于公布翻卸车维检费、机车出租费、货场场地出租费三项货运杂费的通知》(铁运〔2008〕87号)

铁路建设基金费率表

附表5

项目种类			计费单位	农药	磷矿石棉花	其他货物
整车货物			元/(t·km)	0.019	0.028	0.033
零担货物			元/10(kg·km)	0.00019	0.00033	
自轮运转货物			元/(轴·km)		0.099	
集装箱	20ft(6.10m)箱		元/(箱·km)		0.5280	
	40ft(12.20m)箱		元/(箱·km)		1.1220	
	空自备箱	20ft箱	元/(箱·km)		0.2640	
		40ft箱	元/(箱·km)		0.5610	

货物损失鉴定书　　　　　　　　　　　附表6

_____铁路局集团公司
货物损失鉴定书

_____站　　　　　　　　　　　　　　　　　　第_____号

一、编制于　　年　月　日系补充　站编第　号 货运记录　　站发　　站运单　　号品名 发生　　情况的鉴定书		
二、鉴定分析结论	(1)货物的性质和价格	
	(2)货物的损失程度和款额	
	(3)损失货物能否修理或者配换及所需费用,残留价值	
	(4)损失货物是否适用于原来的用途或作他用,对其价值有无影响	
	(5)货物损失的原因	甲:货物损失和包装的关系; 乙:货物损失和货物性质的关系; 丙:其他原因	
三、鉴定费用		

四、参加鉴定人员职务及签章	鉴定单位	铁路	托运人	收货人	其他

本鉴定书共三份:正本送责任站,副本一份交收货人,一份留鉴定站存查。

电气化附加费费率表　　　　　　　　附表7

种　类		项　目	
		计费单位	费率
整车货物		元/(t·km)	0.00700
零担货物		元/10(kg·km)	0.00007
自轮运转货物		元/(轴·km)	0.02100
集装箱	20ft(6.10m)箱	元/(箱·km)	0.11200
	40ft(12.20m)箱	元/(箱·km)	0.23800
	空集装箱 20ft(6.10m)箱	元/(箱·km)	0.05600
	空集装箱 40ft(12.20m)箱	元/(箱·km)	0.11900

铁路货运营运杂费费率表　　　　　　附表8

序号	项　目		单　位	费率
1	整车取送车费		元/(车·km)	8.10
	集装箱取送车费	20ft箱	元/(箱·km)	4.05
		40ft箱	元/(箱·km)	8.10

续上表

序号	项　　目			单　位	费　率
2	机车作业费			元/半小时	90.00
3	押运人乘车费			元/(人·100km)	3.00
4	集装箱使用费	20ft 箱	250km 以内	元/箱	35.00
			251km 以上:每增加 100km 加收	元/箱	6.00
		40ft 箱	250km 以内	元/箱	70.00
			251km 以上:每增加 100km 加收	元/箱	12.00
5	货物装卸作业费			按铁道部《铁路货物装卸作业计费办法》的规定核收	
6	货物保价费			按铁道部《关于修订货物保价费率的通知》的规定核收	

延期使用运输设备、违约及委托服务杂费费率表

附表9

序号	项　　目			单　位	费　率
1	仓储费	承运后交付前	整车货物	元/(车·日)	150.00
			零担货物	元/(100kg·日)	1.50
			20ft 箱	元/(箱·日)	75.00
			40ft 箱	元/(箱·日)	150.00
		仓储服务时	20ft 箱	元/(箱·日)	75.00
			40ft 箱	元/(箱·日)	150.00
			其他货物	元/(t·日)	2.50
2	专用线、专用铁路货车使用费			按照原铁道部《铁路货车延期占用费核收暂行办法》的规定核收。铁总运电〔2014〕16、〔2017〕196 号、铁总货〔2019〕46 修改	
3	D 型长大货物车延期使用费			元/(t·日)	6.50
4	货车篷布延期使用费		D 型篷布	元/(张·日)	60.00
			其他篷布	元/(张·日)	30.00
	集装箱延期使用费		20ft 箱	元/(箱·日)	在应收该费的前 5 日按 10 元/(箱·日),第 6 日起按 60 元/(箱·日)计算
			40ft 箱	元/(箱·日)	按 20ft 箱的 2 倍计算
5	货物运输变更手续费	变更到站、变更收货人	整车货物和20ft、40ft 集装箱	元/批	300.00
			零担货物和其他集装箱货物	元/批	20.00

续上表

序号	项目		单 位	费 率
5	货物运输变更手续费	发送前取消托运	整车货物和20ft、40ft 集装箱	元/批	100.00
			零担货物和其他集装箱货物	元/批	10.00

租、占用运输设备杂费费率表　　附表10

序号	项目		单 位	费 率
1	合资、地方铁路及在建线货车占用费	冷藏车	元/(车·h)	6.50
		其他货车	元/(车·h)	5.70
		D 型长大车	元/(车·h)	10.00
2	合资、地方铁路货车篷布占用费	D 型篷布	元/(张·日)	60.00
		其他篷布	元/(张·日)	30.00
3	自备车或租用铁路货车停放费		元/(车·日)	40.00
4	车辆使用服务费	在营业线上 家畜车	元/(t·日)	4.00
		罐车,散装水泥、粮食专用车	元/(t·日)	3.60
		其他货车(机冷车、D 型长大货物车除外)	元/(t·日)	3.00
		在专用线、专用铁路上 家畜车	元/(t·日)	8.00
		罐车,散装水泥、粮食专用车	元/(t·日)	7.20
		其他货车(机冷车、D 型长大货物车除外)	元/(t·日)	6.00
		机械冷藏车 单节型	元/(车·日)	160.00
		5 辆型	元/(车组·日)	660.00
		长大货物车 标重180t 以上	元/(t·日)	8.60
		标重不足180t	元/(t·日)	5.00
5	路产专用线使用服务费		元/(延米·年)	200.00

铁路建设基金费率表　　附表11

种 类		计费单位	农药	磷矿石	其他货物
整车货物		元/(t·km)	0.019	0.028	0.033
零担货物		元/10(kg·km)	0.00019	0.00033	
自轮运转货物		元/(轴·km)		0.099	
集装箱	20ft 箱	元/(箱·km)		0.5280	
	40ft 箱	元/(箱·km)		1.1220	
	空自备箱 20ft 箱	元/(箱·km)		0.2640	
	40ft 箱	元/(箱·km)		0.5610	

注:整车化肥、黄磷免征铁路建设基金。

附表 12

货物损失统计报告

公司（段、站）　　　　　　　　　　自　年　月　日至　年　月　日

件数及赔款 特别	办理 赔偿	损失等级				损失种类						责任部门							责任赔偿合计	
						火灾		被盗									其他			
		一级	二级	三级	轻微	列车	其他	站内	其他	丢失	损坏	其他	货运	装卸	运转	机务	车辆	接送	路内	路外	件数	款额
保价损失件数 及责任赔偿	整车（件）	/	/	/	/	/	/	/	/	/	/	/	/	/	/	/	/	/	/	/		
	赔款（元）	/	/	/	/	/	/	/	/	/	/	/	/	/	/	/	/	/	/	/		
	零担（件）	/	/	/	/	/	/	/	/	/	/	/	/	/	/	/	/	/	/	/		
	赔款（元）	/	/	/	/	/	/	/	/	/	/	/	/	/	/	/	/	/	/	/		
	集装箱（件）	/	/	/	/	/	/	/	/	/	/	/	/	/	/	/	/	/	/	/		
	赔款（元）	/	/	/	/	/	/	/	/	/	/	/	/	/	/	/	/	/	/	/		
	合计（件）	/	/	/	/	/	/	/	/	/	/	/	/	/	/	/	/	/	/	/		
	赔款（元）	/	/	/	/	/	/	/	/	/	/	/	/	/	/	/	/	/	/	/		
非保价损失件 数及责任赔偿	整车（件）	/	/	/	/	/	/	/	/	/	/	/	/	/	/	/	/	/	/	/		
	赔款（元）	/	/	/	/	/	/	/	/	/	/	/	/	/	/	/	/	/	/	/		
	零担（件）	/	/	/	/	/	/	/	/	/	/	/	/	/	/	/	/	/	/	/		
	赔款（元）	/	/	/	/	/	/	/	/	/	/	/	/	/	/	/	/	/	/	/		
	集装箱（件）	/	/	/	/	/	/	/	/	/	/	/	/	/	/	/	/	/	/	/		
	赔款（元）	/	/	/	/	/	/	/	/	/	/	/	/	/	/	/	/	/	/	/		
	合计（件）	/	/	/	/	/	/	/	/	/	/	/	/	/	/	/	/	/	/	/		
	赔款（元）	/	/	/	/	/	/	/	/	/	/	/	/	/	/	/	/	/	/	/		
责任赔偿 合计	合计（件）	/	/	/	/	/	/	/	/	/	/	/	/	/	/	/	/	/	/	/		
	赔款（元）	/	/	/	/	/	/	/	/	/	/	/	/	/	/	/	/	/	/	/		

项目	办理赔偿											保价补偿			
	保价赔偿					非保价赔偿					责任赔偿	保价赔偿		非保价赔偿	
	办理 赔偿 合计	其中				办理 赔偿 合计	其中				责任 赔偿 合计	责任 赔偿	其中	责任 赔偿	其中
		先赔后 定责	发站 办赔	网上 办赔	代他 局赔		先赔后 定责	发站 办赔	网上 办赔	代他 局赔			自局 赔偿 / 他局 代赔		自局 赔偿 / 他局 代赔
件数（件）															
款额（元）															

		合计	自局 办理	代他 局办

附记：

填发单位：　　　　　　　　填报人　　　　　　　　　填报日期　　年　月　日

规格：A4 纸横印（297mm×210mm）

货车篷布使用方法

1. 基本要求
(1)货物装载高度超过端侧墙 1m 以上或有押运人乘坐的敞车不得苫盖篷布。 (2)篷布、篷布绳网不得作为货物加固材料使用。 (3)需要加固的货物必须在苫盖篷布前捆绑加固完毕。 (4)货车绳栓上无残留的旧绳头、铁线等废弃物。 (5)货物装载高度低于车辆端侧墙时,可安置篷布支架,支架突出部位与篷布接触处应采取防磨措施。 (6)苫盖篷布不得遮盖侧墙车梯。
2. 苫盖前质量检查
布体完整,无破损,眼圈完好,标记、号码完整清晰。绳索齐全、完整、无接头、插接牢固,与篷布连接正确。
3. 苫盖方法
(1)正面(腰绳向外)纵向苫盖。货车两侧篷布下垂高度应一致。货车人力制动机一端篷布下垂遮盖端墙部分高度 300~500mm,另一端下垂遮盖端墙部分高度约 600mm。 (2)每车苫盖一张篷布。车辆较短时,篷布多余部分可折叠在中部相邻两腰绳处的篷布下方,折叠部分两腰绳对角拉紧拴固。 (3)将篷布角绳拉紧,使篷布角向内侧展开成三角形,布角两面压平后折向货车端墙,在车辆两端严密包角,使压绳压住包角。 (4)篷布按以下方法捆绑。 ①篷布绳应拴结在货车绳栓上,不得捆绑在其他部位。 ②货车两端篷布角绳沿货车端墙交叉后分别拴结在车辆端部的两绳栓上。角绳经货车人力制动机闸台时,应从其上方通过;经闸杆、提钩杆时,应从其内侧穿过。 ③货车两端篷布中间的二根端绳分别垂直向下拉紧拴结在车辆端部的两绳栓上,经提钩杆时,也应从其内侧穿过。 ④篷布每端的压绳应压住篷布包角拉紧,使篷布紧贴在车辆端墙上,分别捆绑在车辆侧部的第一个绳栓上,不得拴结在牵引钩上。 ⑤腰绳应直拉拴结在车侧绳栓上。弹力绳弹力部分的拉伸长度根据装载货物的情况具体确定,不得小于 200mm。车辆中间有绳栓的,中间的腰绳捆绑在车辆中间的绳栓上;车辆中间无绳栓的,篷布中间的腰绳分别捆绑在靠近车辆中间的绳栓上。其他腰绳,从车辆两端开始,朝向车辆中部,顺序捆绑在相应绳栓上。弹力棒不紧靠眼圈时,应将弹力绳从中间收起,并将中间多余绳索折叠打两个死结后余尾用绳卡或麻线绑 5 圈与自身绳杆捆紧。 ⑥篷布绳栓接采用蝴蝶套结法或回头花结法,拴接后的绳头,应绕在自身绳杆上,至少打两个死结。绳头余尾长度 100~300mm。 ⑦除篷布自带绳索和篷布绳网外,不得使用其他绳索捆绑篷布。 (5)苫盖篷布绳网时,网要盖正,网眼完全张开,与篷布密贴。先从车辆两侧拴结,使篷布绳网完全盖住篷布,最后拴结车辆两端的拴结点。篷布绳网与货车的捆绑按照篷布与货车的捆绑要求办理。 (6)篷布绳、篷布绳网系绳尾均须使用绳卡进行加固。使用时,将拴结后的绳尾拉紧贴在自身绳杆上,绳卡头印有标记面及齿面朝向外侧,离绳尾部 50mm 处,将锁绳绕过绳尾和绳杆后从锁绳插槽底向上穿出,并沿锁绳插槽方向拉紧,将卡绳端锁紧齿与块上的齿啮合,此时,绳卡进入锁紧工作状态。打开时,沿插槽反方向用力拉锁绳,绳头沿断裂槽处破坏,绳卡即可打开。
4. 苫盖后检查
(1)篷布苫盖平坦,货物不外露,两端包角密贴,两侧线条流畅。各部位不超限。 (2)绳索拴结、捆绑位置正确,绳结牢固,无松弛脱落,捆绑在绳栓上的绳结呈蝶翅形结,绳头余尾长度 100~300mm。 (3)货车人力制动机一端篷布下垂遮盖端板部分长度 300~500mm。货车人力制动机闸盘外露,不影响人力制动机及提钩杆使用。另一端的下垂高度约 600mm,篷布过长时可超过此长度,但不得影响压绳使用。 (4)车辆两侧篷布下垂高度一致。 (5)篷布(包括篷布绳网)苫盖完毕后,装车单位对车辆两侧(包括篷布号码)、两端篷布苫盖状态各拍照一张,留存 3 个月。

参 考 文 献

[1] 蔡昱.铁路货运组织[M].成都:西南交通大学出版社,2017.

[2] 王慧.铁路普通条件货运组织[M].北京:北京交通大学出版社,2019.

[3] 刘霖,周晓杰.铁路货运实务[M].北京:中国铁道出版社,2020.

[4] 李树章.铁路货运组织[M].上海:上海交通大学出版社,2017.

[5] 中国铁路总公司.货车篷布管理规则[M].北京:中国铁道出版社,2017.

[6] 中国铁路总公司.铁路货运票据电子化作业办法,2018.

[7] 戴实.铁路货运组织[M].北京:中国铁道出版社,2016.

[8] 刘作义,郎茂祥.铁路货物运输[M].北京:中国铁道出版社,2011.

[9] 盖宇仙.铁路货运组织[M].北京:中国铁道出版社,2011.

[10] 汪帆.铁路货物运输定价问题研究[D].成都:西南交通大学,2016.

[11] 周震宇,陶瑾.铁路货物运输的现状与发展分析[J].上海:上海铁道科技,2017(2):
     127-129.

[12] 陈宜吉.铁路货运组织[M].北京:中国铁道出版社,2001.

[13] 高小珣,郭晓黎,王烈.国家铁路货物整车运输比价关系探讨[J].北京:北京交通大学
     学报(社会科学版),2016,15(4):85-92.

[14] 罗国雄.铁路货场管理[M].北京:中国铁道出版社,2000.

[15] 李瑞峰.铁路货场管理现状分析及对策研究[J].上海:上海铁道科技,2017(4):25-27.

[16] 黄玮青.铁路大宗货物运价市场化改革研究[J].北京:铁道货运,2017,35(10):5-9.

[17] 付建飞,高小珣,李丹凝.铁路快运货物损失原因分析与对策研究[J].北京:铁道货运,
     2016(12):49-52.

[18] 蒋运华.关于铁路货运组织改革的思考[J].北京:铁道货运,2015(9):27-29.